Impressum

Herausgeber	Die Präsidentin der Fachhochschule Münster 2012
Texte	Joachim Gardemann und Franziska Ohnheiser, Fachhochschule Münster
Illustrationen	Joachim Gardemann, Fachhochschule Münster
Gestaltung und Layout	Benedikt Krusel B.A., Fachhochschule Münster
Lektorat	Wiebke Moor, Lektorat Schreibweise, Limburg
Ganz besonderer Dank gilt	Professor Marcus Herrenberger vom Fachbereich Design für seine unbeirrbare Förderung eines Hobby-Illustrators Professor Dr. Hans Hermann Wickel vom Fachbereich Sozialwesen für seine einfühlsame musikalische Umsetzung „Haboub – der Sandsturm"
Umschlagbild	Lager Stenkovac, nördlich von Skopje in Mazedonien an der Grenze zu Kosovo im April 1999
Druck	IVD GmbH & Co.KG, Ibbenbüren

ISBN 978-3-938137-26-0

Praxisübung am Leonardo-Campus Münster
im Juni 2008

III

Geleitwort der Präsidentin der Fachhochschule Münster

Die Fachhochschule Münster stellt sich gemäß Leitbild mit ihrem Bildungsangebot und ihrer Forschungsarbeit in den Dienst der Menschen – wir definieren uns über unsere Rolle in der und für die Gesellschaft. Ein entsprechendes Engagement ist der Fachhochschule Münster wichtig, wobei wir uns dem Gedanken der Menschlichkeit und des Humanismus verpflichtet fühlen.

Als Konsequenz „spendet" die Fachhochschule Kompetenzen und Wissen, und zwar insbesondere über unser Kompetenzzentrum Humanitäre Hilfe. Das Zentrum kooperiert mit der Medizinischen Fakultät der Universität Münster, der Stadt Münster sowie diversen Hilfsorganisationen. Unter der Leitung des ausgewiesenen Experten auf dem Gebiet der internationalen Soforthilfe, Prof. Dr. Joachim Gardemann, und mithilfe seiner weitverzweigten Kontakte arbeitet das Kompetenzzentrum sehr erfolgreich und bringt immer wieder Experten aus Hochschulen, Hilfseinrichtungen und Politik zusammen und koordiniert verschiedene Projekte im In- und Ausland.

Um den Studierenden fundierte Kenntnisse in der humanitären Nothilfe zu vermitteln, wird im Kompetenzzentrum das Know-how in Lehre und Forschung aus möglichst vielen Fachbereichen der Hochschule zusammengebracht. Es kommt der Fachhochschule dabei zugute, dass sie vor allem anwendungsorientiert ausgerichtet ist und ein breites Fächerspektrum bietet. Damit können etliche Disziplinen für die internationale Soforthilfe in Krisengebieten nützliche Beiträge liefern: von den Architekten und Designern über die Bauingenieure bis hin zu den Oecotrophologen, um nur einige zu nennen. Entscheidend ist aber vor allem, diese einzelnen Kompetenzen zu bündeln und zu koordinieren, um sie im konkreten Fall zielgerichtet einsetzen zu können.

Dies gelingt seit über zehn Jahren in beispielhafter Art und Weise unserem Kompetenzzentrum Humanitäre Hilfe. Dabei war es auch immer wieder nötig, möglichst schnell, effektiv und sensibel dort Hilfe zu leisten, wo Menschen durch Katastrophen oder politische Konflikte in Not geraten sind. Unabhängig von den Lehrveranstaltungen ermöglicht die Hochschule mit dem Kompetenzzentrum auch konkrete Hilfe vor Ort. Im Auftrag des Deutschen Roten Kreuzes leistet es immer wieder wertvolle Arbeit in den Krisengebieten der Welt.

Seine Impressionen von diesen Einsätzen stellt Prof. Gardemann in diesem Bildband mit eindrücklichen Aquarellen vor. In seinen Texten geht er auf die Frage der Ethik weltweiter humanitärer Soforthilfe ein und gibt einen guten Einblick in das gesamte Spektrum der humanitären Hilfe.

Prof. Dr. rer. pol. Ute von Lojewski

Präsidentin
der Fachhochschule Münster

Geleitwort des Oberbürgermeisters der Stadt Münster

Mit keinem anderen historischen Ereignis ist die Stadt Münster so untrennbar verbunden wie mit dem Westfälischen Frieden 1648. Münster ist sich ihrer Verantwortung als Stadt des Westfälischen Friedens bewusst und versteht die historischen Ereignisse auch als bleibende Verpflichtung für ein friedenssicherndes und humanitäres Handeln in der Gegenwart. Wir richten daher unseren Blick in die Welt und greifen mit unterschiedlichen Veranstaltungsformaten und gemeinsam mit unseren Partnern aus den Hochschulen aktuelle Fragestellungen auf. Dabei ist das Kompetenzzentrum Humanitäre Hilfe der Fachhochschule ein einzigartiger Kristallisationspunkt von wissenschaftlicher Expertise und nachhaltiger, angewandter Nothilfe. In Katastrophensituationen wie 2004 in Indonesien oder 2010 in Haiti standen wir in direktem Austausch mit Prof. Gardemann, um über Hilfe aus Münster zu beraten.

Doch nicht nur für die Soforthilfe bei humanitären Katastrophen in der ganzen Welt, auch für Münster und die Region bietet das Netzwerk an der Fachhochschule wertvolle Beiträge.

In praxisorientierten Projekten und Forschungsarbeiten der Studierenden verschiedener Fachrichtungen spiegelt sich die enge Verzahnung von Wissenschaft und Gesellschaft des Kompetenzzentrums wider. So kooperieren Studierende aus Fachhochschule und Universität regelmäßig und schon seit 10 Jahren mit dem Haus der Wohnungslosen in Münster, denn wie Prof. Gardemann sagt: „Humanitäres Handeln findet nicht nur in exotischen armen Ländern statt, sondern auch mitten in unserer Gesellschaft. Man muss nur genau hinsehen."

Genau hinsehen sollte man auch bei den Bildern von Prof. Gardemann, in denen er seine Eindrücke und Erlebnisse in eindruckvoller Weise schildert. Sie begeistern wie berühren den Betrachter gleichermaßen, denn sie ermöglichen auch ohne Worte einen Zugang zu den Menschen. Wieder einmal gelingt es Prof. Gardemann, diesmal auf eine ungewöhnliche Weise, aufmerksam zu machen und das breite Themenfeld der humanitären Soforthilfe in unseren Blickpunkt zu rücken.

Markus Lewe

Oberbürgermeister
der Stadt Münster

Geleitwort des Präsidenten des Deutschen Roten Kreuzes

In dem vorliegenden Buch stellt die Fachhochschule Münster Aquarelle von Prof. Dr. Joachim Gardemann vor. In diesen Bildern sprechen uns Menschen unmittelbar an, denen Prof. Gardemann in seinen Einsätzen als Arzt in großen humanitären Notlagen auf allen Kontinenten begegnet ist. Gleichzeitig vermitteln diese Bilder auch das Erleben des Malers selbst in diesen Grenzsituationen und in der Beziehung zwischen Hilfsbedürftigem und Helfer. Mehr als mit Worten wird deutlich, dass diese Menschen dringend existentielle Hilfe benötigen und dass sie den Helfern trauen. Daraus erwachsen für uns die Motivation und der Anspruch, ihnen die bestmögliche Hilfe zu leisten.

Diese gelingt nur in der Kombination von hervorragender technischer Expertise und dem Respekt vor der Würde und den Kompetenzen jedes hilfsbedürftigen Menschen. Engagierte Helfer wie Prof. Gardemann spielen die entscheidende Rolle für eine erfolgreiche Ausbildung junger Menschen für die humanitäre Hilfe, insbesondere auch um die Dimensionen der Würde und Menschlichkeit zu erfassen sowie die eigene Motivation kennen zu lernen.

Nach einer Katastrophe selbst aktiv zu werden, hilft, mit dem Gesehenen fertig zu werden, befreit von der Ohnmacht angesichts der überwältigenden Bilder in den Medien. Die humanitäre Hilfe führt aber auch jeden Einzelnen in existentielle Situationen, in sehr unmittelbare Begegnungen mit Menschen anderer Kulturen und mit den eigenen Kollegen im Helferteam. Junge Menschen auf diese Situationen vorzubereiten, ist ein komplexes Unterfangen. Die langjährigen Erfahrungen von Prof. Gardemann sind ein Eckstein für diese Ausbildung.

Prof. Gardemann gelingt es, mit seinen Bildern insbesondere die ethische Dimension der humanitären Hilfe intensiv darzustellen. Damit ergänzen sie seinen Text, der alle Bestandteile der humanitären Hilfe vor dem Hintergrund seiner fachlichen und menschlichen Erfahrungen reflektiert.

Dr. rer. pol. h.c. Rudolf Seiters

Präsident des Deutschen Roten Kreuzes
Bundesminister a.D.
Bundestagsvizepräsident a.D.

Geleitwort des Präsidenten von Ärzte ohne Grenzen Deutschland e.V.

Die Fragen, die einem humanitären Helfer neben den Berichten aus dem Einsatzgebiet immer wieder gestellt werden, sind die nach der Motivation für sein Engagement.

Die Motive, als humanitärer Helfer tätig zu werden, sind wohl so individuell wie die Menschen, die sich dafür entscheiden. Klar ist, dass ein naives Gutmenschentum als Begründung heute nicht mehr ausreicht. Zur Lösung der menschlichen Not wird Expertise benötigt und in den unsicheren Krisenherden sind erfahrene Helfer gefragt. Also ein Beruf wie jeder andere nur in einem etwas anderen Umfeld?

Die Bedingungen im Krisengebiet sind oft extrem – und am extremsten sind die menschlichen Begegnungen, zumal solche zwischen fremden Kulturen und in der oft asymmetrischen Konstellation zwischen Hilfsbedürftigem und dem, der Hilfe anbieten kann.

Der französische Philosoph Emmanuel Lévinas (1906 – 1995) legt mit seinem Lebenswerk eine moderne philosophische Reflexion über die existentielle menschliche Begegnung vor sowie eine Ethik, die vom Anderen, vom Schwächsten ausgeht. Im tiefsten Respekt vor dem fremden Gegenüber lässt sich der Andere von dessen Leid zum eigenen Handeln auffordern und weiter motivieren.

Drei Sätze Lévinas begleiten mich: „Ich bin verantwortlich für den Anderen, ohne Gegenseitigkeit zu erwarten". Das ist radikal, weil ja die Ich-Bezogenheit hier pausiert und durch eine Fremd-Bezogenheit ersetzt wird.

„Direktheit des dem Tode-Ausgesetztseins und Befehl an mich, den Nächsten nicht im Elend sein zu lassen". Hier wird der Imperativ zu handeln deutlich, dem ich mich nicht entziehen kann. Und schließlich: „Ich bin derjenige, der über die Mittel verfügt, um auf diesen Ruf zu antworten". Also der Aufruf, als befähigter Helfer konkret etwas zu tun, ohne Ausrede dem Anruf des fremden Leides zu folgen.

Das vorliegende Buch des erfahrenen Helfers und immer neugierigen wie einfühlsamen Beobachters Joachim Gardemann bietet auf wenigen Seiten einen profunden Einblick in die ethischen Gesichtspunkte der humanitären Hilfe sowie die vielfältigen Herausforderungen, denen sich Helfer heute gegenübergestellt sehen. Mit aktuellen Beispielen und Zitaten von namhaften Denkern wird hier das ganze Spektrum der humanitären Hilfe reflektiert. Zudem hält Joachim Gardemann in seinen Bildern fest, was sich der Sprache oft entzieht, und ermöglicht so auch einen nonverbalen Zugang zu diesem existentiellen Thema.

Dr. med. Tankred Stöbe

Präsident von Ärzte ohne Grenzen e.V., deutsche Sektion der internationalen Organisation Médecins Sans Frontières

Praxisübung vor dem Schloss in Münster
im Januar 2012

Das Kompetenzzentrum Humanitäre Hilfe der Fachhochschule Münster

Humanitäre Hilfe versteht sich als kurzfristige Maßnahme zur Überbrückung akuter Unterversorgung von Bevölkerungsgruppen nach Natur- oder Gewaltkatastrophen weltweit. Sie muss von Beginn an auf eine nachhaltige Integration in vorhandene Versorgungssysteme ausgerichtet sein. Humanitäre Hilfe setzt dabei Schwerpunkte in der Versorgung bedrohter Bevölkerungsgruppen mit sauberem Trinkwasser, in ausreichender Ernährung und medizinischer Basisversorgung sowie in dem Schutz vor Witterungseinflüssen und Gewalt unter Beachtung völkerrechtlicher, ethischer und entwicklungspolitischer Grundsätze.

Der Respekt vor den Kompetenzen der jeweils betroffenen Bevölkerung begründet einen Verzicht auf Entsendung unausgebildeter Kräfte in ein Katastrophengebiet, denn fachkompetentes und muttersprachliches Personal lässt sich in der ansässigen Bevölkerung vor Ort wesentlich günstiger gewinnen und einweisen. Von den Auslandsdelegierten der Nothilfeorganisationen wird im Einsatz daher neben fachlicher Eigenständigkeit besonders ein hohes Maß an Organisations-, Improvisations- und Führungsfähigkeit erwartet.

Diese Grundvoraussetzungen können nur durch eine fundierte fachliche Ausbildung und anschließende Berufserfahrung erfüllt werden. Nur die ehrenamtliche Einbindung der Expertise aus täglich gelebter Berufspraxis ermöglicht den humanitär tätigen Organisationen, das erforderliche Maß professioneller Exzellenz in den verschiedensten Berufsfeldern für die Arbeit in der Nothilfe sicherzustellen. Auch schon aus Gründen der humanitären Ethik verbietet sich eine gewerbsmäßige Nothilfe. Natürlich lassen es sich die Organisationen auch nicht nehmen, über die jeweils mitgebrachte Fachlichkeit noch die für eine Soforthilfetätigkeit erforderlichen Haltungen, Kenntnisse, Fähigkeiten und Fertigkeiten in eigenen Vorbereitungskursen zu vermitteln.

Die Fachhochschule Münster gründete 2001 das Kompetenzzentrum Humanitäre Hilfe als Ausdruck ihrer besonderen Verpflichtung dem Gedanken der Menschlichkeit gegenüber. Seither hat das Zentrum zahlreiche Projekte in Forschung und Lehre mit einem inhaltlichen Bezug zur Soforthilfe und Daseinsvorsorge im In- und Ausland begleitet.

Wissen schafft Hilfe

Die verschiedenen Fachbereiche der Hochschulen in Münster decken das Spektrum der hierzu erforderlichen technischen Expertisen und personellen Kompetenzen in Forschung und Lehre lückenlos ab und vermögen damit in ihrem Zusammenwirken eine umfassende wissenschaftliche Begleitung von Maßnahmen und Organisationen der Daseinsvorsorge im Katastrophenfall zu gewährleisten. Die Fachhochschule Münster hat daher bewusst auf die Schaffung eigener akademischer Bildungsprogramme und Studiengänge im Feld der Nothilfe verzichtet. Vielmehr konzentriert sie sich allgemein auf die Ausbildung exzellenter Fachkräfte. Das Kompetenzzentrum bringt den Studierenden vieler Fachbereiche im regulären Studienverlauf das Feld der Nothilfe in Forschung und Lehre nahe. Bei Interesse und Eignung stellt es dann die erforderlichen Kontakte zu den professionellen international tätigen Organisationen her. Für diese wichtige Arbeit, Leistungen aus Wissenschaft und bürgerschaftlichem Engagement erfolgreich miteinander zu verbinden, wurde das Kompetenzzentrum auch von der Stiftung*Bürger für Münster ausgezeichnet.

Das Kompetenzzentrum wirkt als Netzwerkknoten. Es fördert den Wissenstransfer und ist Ansprechpartner für internationale Hilfsorganisationen zu wissenschaftlichen Fragen der Nothilfe. Dabei kann es auf sein breites lokales und überregionales Netzwerk zurückgreifen. In enger Zusammenarbeit mit der Stadt entstehen außerdem immer wieder Symposien und Veranstaltungsreihen – wie etwa der Münstersche Kongress zur Humanitären Hilfe.

Die Stadt Münster begreift ihre Bedeutung als Verhandlungsort zum Westfälischen Frieden von 1648 als bleibende Verpflichtung für ein humanitäres und friedenssicherndes Handeln auch in der Gegenwart und bietet damit für ein solches Forschungsnetzwerk humanitär tätiger Einrichtungen im Rahmen der Allianz für Wissenschaft einen Hochschulstandort von einzigartiger inhaltlicher und historischer Plausibilität.

**Die Aquarelle
in diesem Bildband
illustrieren
Begegnungen
und Eindrücke
aus den folgenden
internationalen
Nothilfeeinsätzen
mit dem Roten
Kreuz:**

Ngara in Tansania, an der Grenze zu Ruanda von August bis Oktober 1995, wo in der Folge des Genozids und des Bürgerkrieges in Ruanda mehr als 500.000 Menschen aus Ruanda Zuflucht fanden.

Kigoma/Tansania im August und September 1998, wo sich infolge der Bürgerkriege mehr als 50.000 Flüchtlinge aus dem Kongo und aus Burundi aufhielten.

Lager Stenkovac nördlich von Skopje in Mazedonien im April und Mai 1999, wo infolge des Kosovo-Krieges über 40.000 Flüchtlinge aus Kosovo lebten.

Bam in der Provinz Kerman in der Islamischen Republik Iran von Dezember 2003 bis Februar 2004 nach dem schweren Erdbeben vom 26. Dezember 2003 mit 40.000 Toten, 70.000 Wohnungslosen und 30.000 Verletzten.

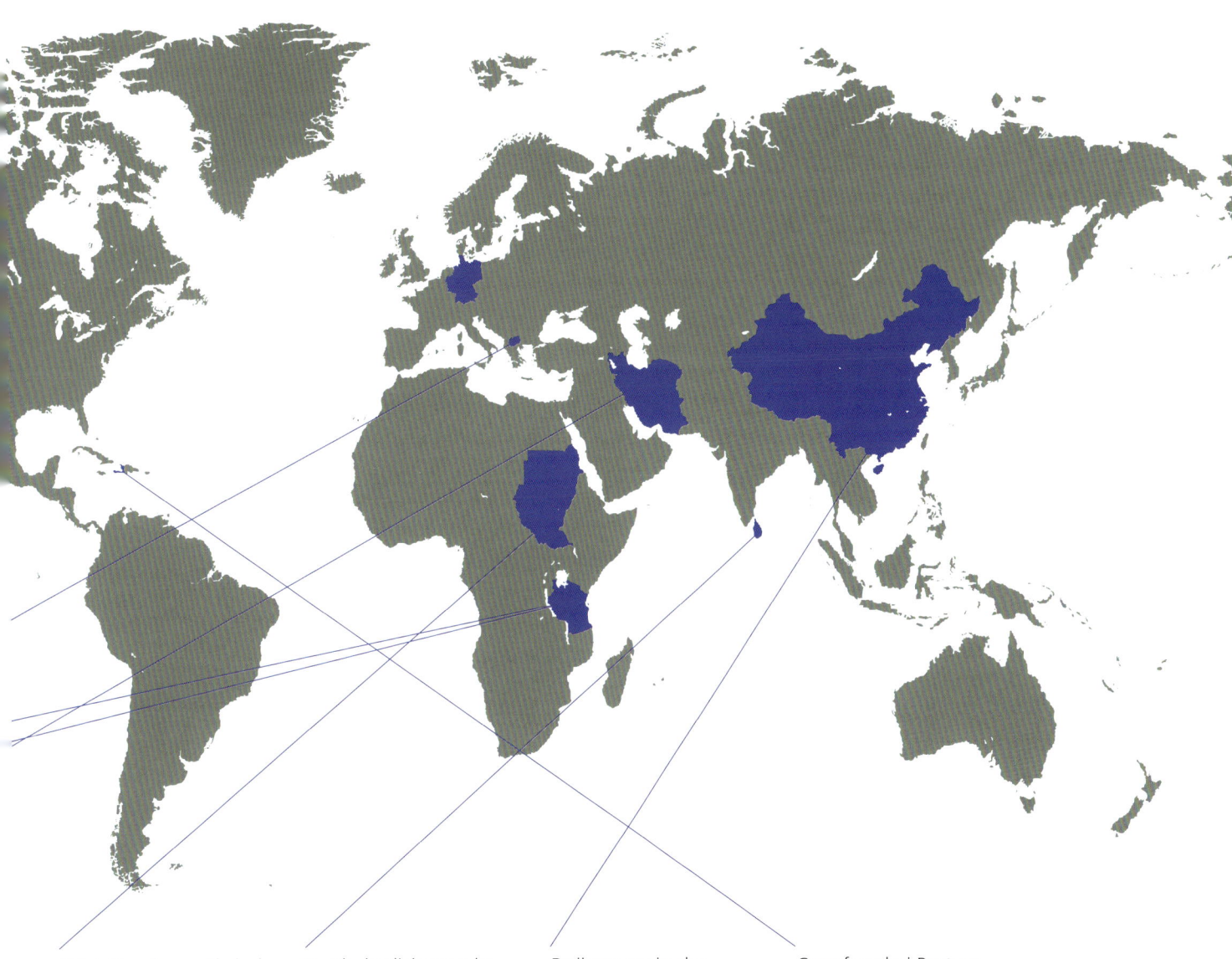

Flüchtlingslager Abshok nahe El Fasher in der Provinz Darfur der Islamischen Republik Sudan im Juni und Juli 2004 mit über 50.000 Bürgerkriegsflüchtlingen.

Putthukudiyiruppu im abtrünnigen Tamilengebiet im Nordosten von Sri Lanka im Januar und Februar 2005 nach dem verheerenden Tsunami vom 26. Dezember 2004 mit 40.000 Todesopfern alleine in Sri Lanka.

Dujiangyen in der Provinz Sichuan in der Volksrepublik China im Mai und Juni 2008 nach dem Erdbeben vom 12. Mai 2008 mit 70.000 getöteten und über 300.000 verletzten Menschen.

Carrefour bei Port au Prince in Haiti im Januar und Februar 2010 nach dem Erdbeben vom 12. Januar 2010 mit geschätzten 300.000 Toten und 300.000 Verletzten

Warum helfen?

Joachim Gardemann

Das erste Ansichtigwerden und Innehalten gegenüber Mutter und Kind an verschiedenen Schauplätzen angesichts von größter Not und Gewalt sind nachfolgend illustriert. Diese Grenzsituation humanitärer Nothilfe verlangt dabei für die bildliche Darstellung unseren ganzen Respekt, daher sind Mutter und Kind hier nicht als Fotografie abgebildet, sondern wurden vor Ort flüchtig in einer Skizze oder einem Foto festgehalten, die mit räumlichem und zeitlichem Abstand dann zum Aquarell ausgearbeitet wurden. Dies schaffte eine würdevolle Distanz zu den Opfern und stellt sicher auch ein persönliches Instrument zur Bewältigung des Erlebten dar. Diese erste Begegnung mit dem leidenden Mitmenschen lässt uns innehalten, sei es in unserem alltäglichen Wirkungskreis zu Hause oder als Delegierte einer humanitären Hilfsorganisation in fernen Ländern. Der erste Blickkontakt zu Mutter und Kind im Behelfskrankenhaus, das erste wortlose Ansichtigwerden des Mitmenschen in seiner Not schafft Ergriffenheit und Beziehung, ob wir es wollen oder nicht.

„Ein neuerschaffenes Weltkonkretum ist uns in die Arme gelegt worden; wir verantworten es"[1], um die Worte MARTIN BUBERS zu gebrauchen. Dieser erste Augenblick erzeugt oft die äußerst verdichtete Wahrnehmungsweise des Innewerdens, um einen weiteren Begriff aus dem Vokabular MARTIN BUBERS zu bemühen: „Die Möglichkeitsgrenzen des Dialogischen sind die des Innewerdens."[2] Besonders auch in Zeiten der Not muss sich dabei jede Gesundheitssorge um Kinder und Jugendliche als Heilkunde verstehen und darf sich nicht zur bloßen Heiltechnik reduzieren lassen. Diese Kinderheilkunde würdigt die Einheit von Mutter und Kind, diese als „Gynopedion"[3] bezeichnete kleinstmögliche familiäre Einheit, und respektiert die Einzigartigkeit mütterlicher Erfahrung mit Befinden und Lebensäußerungen ihres Kindes. Die Mutter ist es, die das Kind präsentiert, nachdem ihre eigene Heilkunst und das informelle Gesundheitswesen an ihre Grenzen gestoßen sind. Die Abwesenheit der Mutter gerade in dieser Situation, ihre Stellvertretung durch Vater oder Schwester muss daher schon als Auffälligkeit betrachtet werden.[4]

---

1 Buber M (2006) Das dialogische Prinzip. Gütersloher Verlagshaus, Gütersloh, 163
2 Buber 2006, 153
3 γυνη (griech.): die Frau, παιδιον (griech.): das kleine Kind
4 Gardemann J (2003) Kinderheilkunde und Kinderkrankenpflege zwischen Heiltechnik und der Sorge für Mutter und Kind. Kinderkrankenschwester 23 (1): 28-30

EMMANUEL LÉVINAS lehrt uns die Wertschätzung von Andersheit und die Bedeutung des „Angerufenwerdens durch das menschliche Antlitz"[5]: Jeder andere Mensch außer mir drückt sich in und mit seinem Antlitz aus, wird aber für mich trotz aller Annäherung stets uneinholbar anders bleiben. Sittliches Verhalten zeigt sich LÉVINAS zufolge alleine schon darin, dass ich die Erscheinung des Mitmenschen in meinem Erleben nicht für die tatsächliche Wesenheit dem Gegenüber halte, sondern mir bewusst bleibe, dass jeder Mitmensch für mich immer unerreichbar anders sein wird. Das Antlitz ist nicht nur das, was ich vom Anderen sehe, sondern auch das, was von seinem Sehen ausgeht. In der Begegnung mit dem Antlitz des Anderen wird meine Verantwortung für ihn und die Einzigartigkeit meines Ich offenbar. Denn niemand kann statt meiner auf den Anruf des Antlitzes antworten, ich kann meine Antwort zwar wählen, aber meine Verpflichtung zur Antwort und meine Verantwortung nicht delegieren. Hierbei „nötigt sich das Antlitz mir auf, ohne dass ich gegen seinen Anruf taub sein oder ihn vergessen könnte, d. h. ohne dass ich aufhören könnte, für sein Elend verantwortlich zu sein."[6]

Ähnliche überragende Bedeutung hat das Antlitz auch für die christliche Spiritualität: „Die Mystik der biblischen Traditionen ist in ihrem Kern eine antlitzsuchende Mystik, keine antlitzlose Natur- bzw. kosmische Allreinheitsspiritualität. Buddha meditiert, Jesus schreit."[7] Auch aktuellste Befunde der Neurowissenschaften stellen die herausragende Bedeutung der sensomotorischen Entschlüsselung menschlicher Mimik als biopsychologische Grundlage für Empathie und Sittlichkeit des Menschen heraus[8] [9].

Humanitäre Soforthilfe oder Nothilfe wird als kurzfristige Maßnahme gesehen, um eine akute Unterversorgung im Bereich der Infrastruktur oder auf medizinischem Gebiet zu überbrücken. Humanitäre Nothilfe versteht sich dabei als professionelle Dienstleistung an

---

[5] vgl. Lévinas E (2005) Humanismus des anderen Menschen. Übersetzt und mit einer Einleitung versehen von Ludwig Wenzler. Hamburg: Felix Meiner

[6] Lévinas E (2007) Die Spur des Anderen; Untersuchungen zur Phänomenologie und Sozialphilosophie. Freiburg; München: Karl Alber, 223

[7] Metz, JB (2011) Mystik der offenen Augen. Wenn Spiritualität aufbricht. Hrg. von Johann Reikerstorfer. Freiburg: Herder, 91

[8] Iacoboni M (2009) Imitation, empathy, and mirror neurons. Annu Rev Psychol. 60:653-70

[9] Cattaneo L, Rizzolatti G (2009) The mirror neuron system. Arch Neurol. 66(5):557-60

Warum helfen?

ungewöhnlichem Ort.[10] Die fachlichen und personalen Anforderungen unterscheiden sich daher prinzipiell nicht von der beruflichen Tätigkeit am Heimatort. Die Professionalität der humanitären Nothilfe stellt ihre Ansprüche sowohl an die strukturelle Qualität der Organisation als auch an die fachliche und persönliche Qualifikation der einzelnen Hilfeleistenden. Die Professionalität der Hilfeleistung und das Ausmaß des Respekts vor den Hilfeempfängern werden somit zu einer sittlichen Dimension und zu einem bedeutenden Indikator für die Qualität der Nothilfe.

Die Teilnahme an humanitärer Hilfeleistung im In- und Ausland führt natürlich bei der überwiegenden Zahl der Einsatzkräfte auch zu einer individuellen Erfüllung und Sinngebung, was einen nicht wegzudenkenden Motivationsfaktor darstellt. Die persönliche Sinnfindung des Helfenden muss aber natürlich immer dem allgemeinen Hilfsziel untergeordnet bleiben. Für viele Einsatzkräfte kann die aktive Teilnahme an internationalen Hilfsmaßnahmen auch eine Befreiung von der ohnmächtigen Ausgeliefertheit gegenüber der multimedialen Katastrophenberichterstattung bedeuten und damit im Sinne des Salutogenesekonzeptes sogar durchaus gesundheitsförderlich wirken.[11] Diese Möglichkeit der eigenen Einflussnahme ist ebenso wie die Eingebundenheit im freundschaftlichen Team für jeden einzelnen Helfer auch während des Einsatzes eine wesentliche Stärkung und Hilfe angesichts des Erlebens überwältigenden Leides. Die faszinierende Anziehungskraft der aktiven Teilhabe gerade an internationaler Hilfeleistung erklärt sich nicht zuletzt durch die Begegnung mit unverfälschtem, intensiv aufrichtigem und wahrhaftem Menschsein, das sich in großer Hingabe oder auch in großem Leid materialisieren kann.

ANTOINE DE SAINT EXUPÉRY beschrieb 1939 das Glück der Erfahrung gemeinschaftlicher Zielsetzung: „Wenn uns ein außerhalb unseres Ichs liegendes gemeinsames Ziel mit anderen Menschen brüderlich verbindet, dann allein atmen wir frei. Die Erfahrung lehrt uns, dass Liebe nicht darin besteht, dass man einander ansieht, sondern dass man gemeinsam in

---

10 Razum O, Gardemann J (2006) Nothilfe versus Entwicklungszusammenarbeit. In: Razum O, Zeeb H, Laaser U (Hrsg.) Globalisierung – Gerechtigkeit – Gesundheit; eine international vergleichende Einführung in Public Health. Bern: Huber, 327-332.
11 vgl. Antonowsky A (1987) Unraveling the Mystery of Health; How People Manage Stress and Stay Well. San Francisco: Jossey-Bass

gleicher Richtung blickt. Kameraden dürfen sich nur Menschen nennen, die in der gleichen Gruppe angeseilt demselben Gipfel entgegenstürmen, um ihn gemeinsam zu erreichen."[12] Ebenso schilderte ANTOINE DE SAINT EXUPÉRY 1943 die so häufig genannte Empfindung einer zunehmenden Verantwortlichkeit und Zuständigkeit, die auch bei humanitär Tätigen angesichts jeder neuen Katastrophenmeldung aufscheint: „Du bist zeitlebens für das verantwortlich, was du dir vertraut gemacht hast."[13] Ähnlich verpflichtet EMMANUEL LÉVINAS 1978 „das Subjekt als Geisel": „Je mehr ich zu mir komme, desto mehr lege ich [...] meine Freiheit als konstituiertes, wollendes, herrschendes Subjekt ab, desto mehr entdecke ich mich als verantwortlich; je gerechter ich bin, desto schuldiger bin ich."[14] Nur aufgrund seiner Verwundbarkeit kann der Mensch also offen für den Anderen sein.[15]

Die Entscheidung zu einer internationalen Nothilfeleistung wird in letzter Zeit leider zunehmend durch eine Medienberichterstattung gesteuert, die durch möglichst spektakuläre Bilder und Berichte von ausgewählten Katastrophenszenarios den öffentlichen Druck auf Organisationen und Behörden so stark erhöht, dass dann oft eher politisch motivierte Hilfsmaßnahmen in Gang gesetzt werden.[16] Bei jeder komplexen humanitären Katastrophe[17] besteht darüber hinaus die große Gefahr, dass internationale humanitäre Hilfe die herrschenden Verhältnisse und Machthaber unbeabsichtigt stabilisiert. Humanitäre Interventionen der Vereinten Nationen, so ehrenwert sie im Einzelfall auch sein mögen[18] [19], haben in den letzten Jahren die Unabhängigkeit zahlreicher

---

12 Saint-Exupéry A (1966) Romane, Dokumente: Flug nach Arras, Wind, Sand und Sterne, Südkurier u.a. Düsseldorf: Karl Rauch Verlag, 311

13 Saint-Expéry A (1989) Der Kleine Prinz. Düsseldorf: Karl Rauch Verlag, 100

14 Lévinas E (1998) Jenseits des Seins oder anders als Sein geschieht. Freiburg; München: Karl Alber, 248 f.

15 Lévinas E (1985) Wenn Gott ins Denken einfällt. Freiburg; München: Karl Alber, 103

16 vgl. Munz R (2007) Im Zentrum der Katastrophe. Was es wirklich bedeutet, vor Ort zu helfen. Frankfurt: Campus-Verlag

17 Gardemann J (2002). Primary Health Care in Complex Humanitarian Emergencies: Rwanda and Kosovo Experiences and their Implications for Public Health Training. Croat Med J 43(2), 148-155

18 Hinsch W, Janssen D (2006) Menschenrechte militärisch schützen; ein Plädoyer für humanitäre Interventionen. München: C. H. Beck

19 Chalk F, Dallaire R, Matthews K, Barqueiro C, Doyle S (2010) Mobilizing the Will to Intervene; Leadership to Prevent Mass Atrocities. Montreal; Kingston; London; Ithaca: Mc Gill – Queen´s University Press

Warum helfen?

abtrünniger Regionen eingeleitet und völkerrechtlich sanktioniert, wie die Beispiele von Ost-Timor, Süd-Sudan oder Kosovo zeigen. Zahlreiche lokale Kriegsherren und Rebellenführer weltweit haben daraus mittlerweile gelernt, dass eine illustrierte Berichterstattung über unfassbare Gräueltaten in ihrem Einflussgebiet den Druck auf die Vereinten Nationen so groß werden lässt, dass eine Entsendung von Blauhelmtruppen und damit der erste Schritt in die Unabhängigkeit schließlich unvermeidlich wird. Eine medienpräsente Inszenierung von grausamster Gewalt um ihrer selbst willen zum Zweck gerade dieser Herbeiführung und Instrumentalisierung internationaler friedenserzwingender Maßnahmen vermag so den Rückfall in eine zunehmende Bestialisierung der Konfliktführung besonders in den ärmsten Ländern teilweise zu erklären.[20]

Aber auch im Bereich der Naturkatastrophen hat das vergangene Jahrzehnt die tägliche Bedrohung von Leben und Gesundheit großer Menschengruppen weltweit wiederholt schrecklich demonstriert. Immer deutlicher wird hierbei in den letzten Jahren, dass die früher so klare Unterscheidung zwischen natürlichen und von Menschen verursachten Katastrophen nicht mehr aufrechtzuerhalten ist. Naturereignisse wie Erdbeben und Überschwemmungen brechen zwar von ihrer physikalischen Ursache her in der Tat oft schicksalhaft über ihre Opfer herein, ihre fatalen Auswirkungen aber entfalten sie oft nur aufgrund korrupter und verfehlter Siedlungspolitik, Vertreibung, räumlicher Abdrängung und struktureller Gewalt gegenüber den unterdrückten Bevölkerungsanteilen, aufgrund unzureichender Bauvorschriften, rücksichtsloser Gewässerbereinigung oder globaler Klimaänderung. So werden aus Naturereignissen durch die Einbeziehung von Menschen vielerorts zunehmend häufiger Naturkatastrophen. Auf zahlreichen Schauplätzen lange dauernder bewaffneter Konflikte ist schließlich die Naturgewalt in der Form von Dürre oder Flut sogar zu einem direkten Instrument kriegerischer Auseinandersetzung geworden. Bei einer so genannten komplexen humanitären Katastrophe wie beispielsweise in Somalia kommt es schließlich oft unter unkontrollierbarer Gewaltausübung zum vollständigen Zusammenbruch und Verschwinden des wirtschaftlichen, sozialen und politischen Systems, zum „failing state"[21]. Unter solchen Umständen besteht kaum Hoffnung auf baldige Rückkehr zur Normalität, und ausländische Hilfe stellt praktisch die einzige Form gesundheitlicher oder sozialer Daseinsvorsorge dar.

---

20 Thielke T (2006) Krieg im Land des Mahdi; Darfur und der Zerfall des Sudan. Essen: Magnus-Verlag
21 vgl. Fleck D (Hrsg.) (1994) Handbuch des humanitären Völkerrechts in bewaffneten Konflikten. München: Beck

Auch nach dem Ende des Kalten Krieges mit seiner unmittelbaren und totalen Bedrohung aller menschlichen Existenz sind Gewalt und Gefährdung von Leben und Gesundheit weltweit keineswegs geringer geworden. Nach dem Rückzug der beiden Machtblöcke aus den ärmeren Ländern sind lokal begrenzte Kriege dort wieder möglich geworden und der globale Verteilungskampf um die Ressourcen für die nähere Zukunft führt zu einer Neuauflage kolonialer Eroberungspolitik. Die schwindende Präsenz und Patenschaft der ehemaligen Schutzmächte begünstigt ein Auseinanderbrechen multiethnischer Staatsgebilde wie etwa auf dem Balkan und im afrikanischen Zwischenseengebiet. Neue Formen bewaffneter Auseinandersetzungen wie der endemische Krieg in Zentralafrika, der sich von Ruanda über den Kongo bis in den Tschad erstreckt, ethnisch und religiös motivierte Vertreibungen in der Balkanregion oder der internationale Terrorismus erweisen sich zunehmend als unvorhersehbar und mit den traditionellen Instrumenten des Völkerrechtes, der militärischen oder polizeilichen Intervention nicht mehr beherrschbar. In allen Katastrophensituationen kann zudem durch Übergewicht akutmedizinisch-technischer Rettungsdienste ein Interessenkonflikt zwischen Nothilfe und Entwicklungszusammenarbeit entstehen. Nothilfe kann daneben unbeabsichtigt lokales Personal aus vorhandenen Gesundheitsdiensten abwerben und pharmazeutische oder technologische Abhängigkeiten der betroffenen Bevölkerung hervorrufen. Zudem können Konflikte entstehen, wenn sich die nicht direkt betroffene Mehrheitsbevölkerung schlechter versorgt fühlt als die Flüchtlingsbevölkerung.[22]

Die Schauplätze und Bedingungsfaktoren internationaler Nothilfe gestalten sich also zunehmend komplexer und uneindeutiger und sie werfen beständig die Frage nach einer Ethik der humanitären Hilfe auf.

Der „humanitäre Raum" werde eingeengt, belagert, seine Grenzen verwischt. Seit mindestens einem Jahrzehnt beobachten Nothilfeorganisationen besorgt die humanitären Aktivitäten militärischer Kräfte in Konfliktgebieten, die sich auf ihre eigene Bewegungsfreiheit und Akzeptanz bei der Bevölkerung negativ auswirken.[23]

---

22 Gardemann J, Razum O (2006) Internationale humanitäre Soforthilfe bei Natur- und Gewaltkatastrophen. Public-Health Forum 14 (51): 6-7

23 vgl. von Pilar U (1999) Humanitarian Space Under Siege; Some Remarks from an Aid Agency's Perspective. Backgroundpaper prepared for the Symposium „Europe and Humanitarian Aid - What Future? Learning from Crisis", 22 and 23 April 1999 in Bad Neuenahr

Warum helfen?

Ein „humanitärer Raum" wird also von Politik und Militär definiert, gleichermaßen als „Neben-Raum" für Zivilisten jenseits und außerhalb des Kampfgebietes. Humanität ist jedoch nicht parzellierbar, der Raum für Humanität ist eben kein „Abstell-Raum", sondern ein wirklicher „Welt-Raum". Die intensive zivil-militärische Diskussion um den „humanitären Raum" hat sich zudem fast ausschließlich auf den Kriegsschauplatz Afghanistan verengt, was angesichts der zahllosen Krisen und Katastrophen weltweit und angesichts der derzeit 193 UN-Mitgliedsstaaten in der Tat eine unzulässige Einschränkung des Diskussionshorizonts darstellt.

Der eigentliche humanitäre Raum umfasst daher weltweit jeden möglichen Schauplatz menschlichen Leids und somit auch jeden Aufenthaltsort des Menschen. Eine Verengung des Begriffes „humanitärer Raum" auf definierte gefährdungsarme und militärisch abgesicherte Enklaven in Konfliktgebieten überlässt daher dem Militär bereitwillig eine Deutungsmacht, die diesem einfach nicht zusteht. Die intensiv geführte Diskussion der letzten Jahre stellt diese Deutungsmacht nie infrage, beklagt aber gleichzeitig die zunehmende Einengung des humanitären Raumes durch Militär.

Hier kann nur ein deutlicher Perspektivenwechsel die Begrenzung der militärisch besetzten Räume zugunsten neutraler und unparteiischer humanitärer Nothilfe fordern, um damit wieder wirklich auf die Grundprinzipien ziviler Hilfe für Konfliktopfer zurückzukommen, wie sie beispielsweise von Henry Dunant formuliert wurden.[24] Der humanitäre Raum muss daher aus Sicht ziviler Organisationen immer Oberbegriff bleiben und sich zunächst kategorisch gegen jegliche Einschränkung stellen.

Das humanitäre Völkerrecht erstrebt ein Mindestmaß an Humanität auch im Krieg und stellt juristisch ein für Situationen bewaffneter Konflikte geschaffenes Sonderrecht dar. Es kann damit zwar Kriege nicht verhindern, versucht jedoch mit seinen Regeln, das Leid der Kriegsopfer zu mildern. Das humanitäre Völkerrecht schützt Personen, die sich nicht oder nicht mehr an Feindseligkeiten beteiligen (Schutzrecht oder Genfer Recht), und beschränkt die Art und Weise der Kriegsführung (Begrenzungsrecht oder Haager Recht).[25]

---

24 vgl. Dunant H (2002) Eine Erinnerung an Solferino. Ins Deutsche übertragen von Richard Tüngel nach der Originalausgabe von 1862. 2. Aufl. Bern: Schweizerisches Rotes Kreuz

25 vgl. Fleck D (Hrsg.) (1994) Handbuch des humanitären Völkerrechts in bewaffneten Konflikten. München: Beck

Die grundlegenden humanitären Prinzipien der Unparteilichkeit, Neutralität und Unabhängigkeit mögen dabei zwar in ihrer kodifizierten Form ebenso wie das heutige humanitäre Völkerrecht durchaus einem abendländischen Denken entsprungen sein, sie verkörpern aber eigentlich globale transkulturelle Werte wie Menschlichkeit, Aufrichtigkeit, Ritterlichkeit und die positive Gegenseitigkeitsvermutung. Diese wurden sämtlich ja auch außerhalb Europas verschriftlicht, so beispielsweise in der islamischen Welt bereits im zwölften Jahrhundert („Siyar" als islamisches Völkerrecht seit Sultan Saladin). Somit muss immer eine sorgfältige Differenzierung zwischen völkerrechtlicher Legalität und transkultureller Sittlichkeit vorgenommen werden, um die zahlreichen Bruchstellen zwischen militärischen und zivilen Akteuren im Bereich der humanitären Nothilfe hinreichend erklären zu können. Für die betroffene Zivilbevölkerung und für die zivilen Hilfsorganisationen kommt es eben nicht nur auf das rechtmäßige Mandat anwesender Streitkräfte an, sondern genauso auf deren konkretes Verhalten sowie besonders auch auf ihre Wahrnehmung durch die örtliche Bevölkerung. Hier begründet schon die überwiegende Herkunft internationaler Hilfsorganisationen aus reicheren westlichen Ländern in vielen Einsatzorten eine grundsätzliche öffentliche Skepsis, die natürlich durch jede Missachtung kultureller Werte wie beispielsweise eine fehlende Kopfbedeckung von Frauen nur weitere Bestätigung erfährt.

Zivilen Hilfsorganisationen wird oft vorgeworfen, inhaltlich fragwürdige Maßnahmen zu ergreifen, um durch verbesserte Medienpräsenz ein höheres Spendenaufkommen zu generieren[26], was zweifellos ein unsittliches Gebaren darstellt. Aber auch ein militärischer Grundsatz wie „winning hearts and minds" durch punktuell willkürliche akutmedizinische Versorgung ohne Nachhaltigkeit stellt in diesem Zusammenhang genauso wie das Aushorchen prämedizierter chirurgischer Patienten der Gegenseite eine sittenwidrige Instrumentalisierung der Nothilfe dar und widerspricht damit in jeder Kultur den Prinzipien der Aufrichtigkeit, Ritterlichkeit und Menschlichkeit. Ein völkerrechtliches Mandat ist für die öffentliche Wahrnehmung dieser sittlichen Verfehlungen völlig unbedeutend. Wohlgemerkt, hier handelt es sich nicht nur um eine sittliche Bewertung aus exotischen Ländern und Kulturen, sondern um Grundwerte europäischer Ethik:

---

26 vgl. Polman L (2010) Die Mitleidsindustrie: Hinter den Kulissen internationaler Hilfsorganisationen. Frankfurt; New York: Campus-Verlag

„Handle so, dass du die Menschheit sowohl in deiner Person, als in der Person eines jeden anderen jederzeit zugleich als Zweck, niemals bloß als Mittel brauchst."[27]

Für zivile Organisationen humanitärer Nothilfe ist es daher schon allein zur Bewahrung eigener rechtlicher und sittlicher Standpunkte und Prinzipien unmöglich, mit militärischen Einheiten zu kooperieren, die eine Partei im Konflikt darstellen oder unterstützen oder sich nicht radikal den genannten humanitären Grundsätzen unterwerfen.[28] Alleine schon durch die räumliche Nähe, durch militärischen „Schutz", durch Verwendung ähnlicher Fahrzeuge, Ausrüstung, Symbole oder Kleidung kann eine humanitäre Zivilorganisation ihre Neutralität verspielen, sich damit Gefährdungen aussetzen sowie bereitwillig ihren eigenen „humanitären Raum" preisgeben. Andererseits ist eine Zusammenarbeit mit lokalen oder auch internationalen Militäreinheiten als Hilfsorganen innerhalb der rechtmäßigen örtlichen Verwaltung oder gemäß dem 4. Genfer Abkommen über den Schutz von Zivilpersonen in Kriegszeiten im Rahmen der Daseinssicherung oder der Bewältigung von Naturkatastrophen zunächst weniger problematisch, sie wirft aber dennoch immer die Frage der jeweiligen öffentlichen Wahrnehmung auf.
In zahlreichen derzeitigen Konflikten gestaltet sich die Durchsetzung der bewährten Regeln des humanitären Völkerrechts mit seinen Vorschriften zum Kriegsopferschutz und zur Kriegswaffenbegrenzung zunehmend schwieriger.[29]

Asymmetrische Kriegsführung mit fehlender Erkennbarkeit von Kombattanten oder Missachtung und Unkenntnis völkerrechtlicher Regeln und Schutzzeichen seien hier genannt. Das Durchsetzungsinstrument der positiven Gegenseitigkeitsvermutung büßt immer weiter an Glaubwürdigkeit ein. Auch auf Seiten internationaler Streitkräfte kommt es zur Vermischung militärischer mit polizeilichen Aktivitäten oder gar mit privaten „Sicherheitsfirmen". Polizeikräfte, die in „law enforcement"-Aktionen tätig werden, sind

Warum helfen?

---

27 vgl. Kant I (2007) Grundlegung zur Metaphysik der Sitten. Kommentar von Christoph Horn, Corinna Mieth und Nico Scarano. Frankfurt am Main: Suhrkamp
28 vgl. Sphere Project (2011) Sphere Handbook 2011: Humanitarian charter and minimum standards in disaster response. Rugby, Warwickshire: practical action publishing
29 vgl. von Pilar U (2005) "I close my eyes and I treat people". Wenn humanitäre Hilfe mehr schadet als hilft. Die Fragen und Dilemmata der Hilfsorganisation Médecins Sans Frontières/ÄRZTE OHNE GRENZEN (MSF) in Ruanda 1994/951. In: Joerg Calliess (Hrg.): „Zehn Jahre danach: Völkermord in Ruanda", Loccumer Protokolle 11/04

aber nicht an das Kriegsvölkerrecht gebunden und dürfen ungestraft beispielsweise Gaswaffen (Tränengas) oder völkerrechtlich geächtete Munition (Deformationsgeschosse) verwenden und sich damit wieder der Kampfmittel bedienen, die durch die Petersburger Erklärung vom 11. Dezember 1868 und das Genfer Protokoll vom 17. Juni 1925 doch eigentlich endgültig geächtet schienen.[30]

Zivile humanitäre Hilfsorganisationen müssen ohne jeden politischen oder militärischen Zwang tätig sein können, wenn sie unparteilich und unabhängig menschliches Leid lindern wollen. Jede Nähe zu einer militärischen Konfliktpartei gefährdet ihre Neutralität, schadet dem öffentlichen Vertrauensvorschuss und untergräbt damit die positive Gegenseitigkeitsvermutung. Jede Art von Zusammenarbeit mit militärischen Einheiten darf nur im engsten Rahmen des Völkerrechts stattfinden und muss jeweils die Ultima Ratio darstellen, die nach Ausschöpfen sämtlicher vorhandener ziviler Mittel verbleibt.[31]

In der Soforthilfe hat das humanitäre Prinzip der Unparteilichkeit Vorrang, es vereint in sich den Respekt vor der unbedingten Gleichheit aller Menschen, die darauf aufbauende Gleichbehandlung aller Menschen und die angemessene Hilfeleistung allein nach dem Maß der Not. Am Ort des Konfliktes oder der komplexen Katastrophe stellen Angehörige ausländischer Streitkräfte in dieser Sicht für humanitäre Organisationen zunächst also ganz einfach ein Bevölkerungssegment unter vielen anderen dar mit je eigenen Kompetenzen, Problemen und Zielen. Die Streitkräfte haben dabei im Gegensatz zur örtlichen rechtmäßigen Verwaltung keinen Anspruch auf Informationen der Hilfsorganisationen zu ihren Einrichtungen und Planungen, ihrer Personalstärke und Arbeitsorganisation, wenngleich dies unter Verweis auf Sicherheitsfragen oft verlangt wird. Auch können sie keine Informationen der Hilfsorganisationen über deren Erkenntnisse zur Situation der Gegenseite erwarten, so wie sie ja auch die Weitergabe eigener Strukturdaten mit allen Mitteln verhindern werden.

Militärische Einheiten, seien sie national oder international, müssen sich in der Zusammenarbeit mit internationalen humanitären Organisationen immer bewusst sein, dass

---

30 vgl. Fleck D (Hrsg.) (1994) Handbuch des humanitären Völkerrechts in bewaffneten Konflikten. München: Beck
31 United Nations Inter-Agency Standing Committee (2008) Civil-military guidelines & reference for complesx emergencies. New York: UN Office for the Coordination of Humanitarian Affairs

Warum helfen?

diese strikt zur Neutralität verpflichtet sind und dass es daher keine „Allianz der Expatriaten" geben kann oder geben darf. Aus Sicht unparteiischer Nothilfeorganisationen in Bezug auf Militäreinheiten an einem Schauplatz militärischer Gewalt bedeutet das Prinzip der Unparteilichkeit in letzter Konsequenz eigentlich nur, dass sie sich im Falle der Not natürlich auch um die Angehörigen eben dieser Streitkräfte gleichermaßen kümmern werden. Darauf jedenfalls werden sich alle Militärangehörigen immer und überall verlassen können.

MAX HUBER, ab 1928 Präsident des Internationalen Komitees vom Roten Kreuz[32], hat 1942, während der Schrecken des Zweiten Weltkrieges also, seine „Betrachtungen über Evangelium und Rotkreuzarbeit" unter dem Titel „Der Barmherzige Samariter" herausgebracht und sich damit ganz bewusst auf das für das Rote Kreuz stets dünne Eis der Thematisierung einer der Weltreligionen angesichts und trotz des fundamentalen Grundsatzes der Neutralität begeben.[33] In dieser kleinen Monographie wird vorsorglich und in großer Deutlichkeit unterschieden zwischen gebotener und praktizierter Neutralität des Roten Kreuzes in religiöser Hinsicht einerseits und den „christliche[n] Motiven bei den Gründern" andererseits:[34] „Durch seine religiöse Neutralität hat das Rote Kreuz es den unter seinem Zeichen arbeitenden Menschen überlassen, in ihrem eigenen Gewissen – jedem in seinem Glauben und seiner Weise, die Welt zu verstehen – die tiefsten Motive für ihre Mitarbeit zu finden."[35] Es ist der Grundgedanke der Menschlichkeit, der auch KOFI ANNAN im Kontext eines Weltethos[36] vorschwebte. Trotz umfassender Vorsorge und Versicherungspaketen in unseren reichen Heimatländern und auch angesichts beinahe grenzenloser medizinischer Möglichkeiten suchen wir doch oft vergeblich nach Zuversicht, Geborgenheit, Gottvertrauen und eben nach Menschlichkeit. Dabei ist es eigentlich völlig selbstverständlich, sich aufgrund gemeinsamen Menschseins der Solidarität anderer Menschen sicher zu sein, das heißt, auf den Gedanken der Humanität zu bauen. Wäre der

---

32 vgl. Enzensberger HM (2001) Krieger ohne Waffen. Das Internationale Komitee vom Roten Kreuz. Frankfurt am Main: Eichborn
33 vgl. Huber M (1948) Der Barmherzige Samariter. Betrachtungen über Evangelium und Rotkreuzarbeit. Herausgegeben vom Schweizerischen Rotes Kreuz. Nachdruck der deutschen Originalausgabe. Zürich: Schulthess
34 Huber 1948, 12
35 Huber 1948, 13
36 vgl. Annan K (2002) Brücken in die Zukunft. Ein Manifest für den Dialog der Kulturen. Frankfurt am Main: S. Fischer Verlag

Mensch nicht in diesem Sinne menschlich, dann wäre er im Verlauf der Evolutionsgeschichte nur eine vorübergehende Merkwürdigkeit geblieben.

Der Mensch als Lebewesen mit erheblichen Schwächen schuf im Verlauf seiner Entwicklung mit Kultur, Erziehung, Überlieferung einen zweiten Informationsstrang, der neben der molekularen Erbsubstanz an die nächste Generation weitergereicht werden konnte. Die dazu erforderliche Wertschätzung der Erfahrung brachte zwangsläufig auch die Wertschätzung der Erfahrenen mit sich. Damit erklären sich Bestattungsriten und Funde mit frühen archäologischen Belegen für die Pflege von Alten, Kranken und Behinderten. In den ersten komplexen Siedlungen der Ackerbauern wird schließlich der kategorische Imperativ als goldene Regel des konfliktfreien Zusammenlebens in der kleinen Gemeinde erkannt. Er bildet damit den ersten Schritt in der Entwicklung eines wirklichen Wertesystems. Der entscheidende Zeitpunkt der Entstehung einer allgemeinen Humanität wird aber erst erreicht, als diese goldene Regel auch auf die Angehörigen fremder Stämme ausgedehnt wird. Der Mensch hilft von nun an dem Menschen, weil auch dieser ein Mensch ist. Damit ist das humanitäre Handeln geboren und seither das Erfolgsrezept des Menschen. Der schweizerische Völkerrechtler JEAN PICTET hat deutlich unterschieden zwischen Humanität und Humanitarismus. Humanität definierte er als „ein Gefühl des tätigen Wohlwollens den Menschen gegenüber", während Humanitarismus „die zur Soziallehre erhobene und auf alle Menschen ausgedehnte humane Einstellung" sei. Humanität stellt sich in dieser Sicht also als sittliche, Humanitarismus als ethische Begrifflichkeit dar.[37] Im bisher skizzierten Kontext der philosophischen Anthropologie und Verhaltensbiologie lassen sich auch einige Grundelemente der Weltreligionen aus den beschriebenen gattungsspezifischen Instinktresiduen und archaischen Sozialkonstruktionen herleiten.

Auch ALBERT SCHWEITZER formulierte mit seiner „Ethik der Ehrfurcht vor dem Leben" einen ähnlich im Hinduismus, Buddhismus und Daoismus vorkommenden Gedanken des Respekts vor aller belebten Natur: „Wie in meinem Willen zum Leben Sehnsucht ist nach dem Weiterleben und nach der geheimnisvollen Gehobenheit des Willens zum Leben, die man Lust nennt, und Angst vor der Vernichtung und der geheimnisvollen

---

37 Pictet J S (1956) Die Grundsätze des Roten Kreuzes. Vorrede von Max Huber. Genf: Internationales Komitee vom Roten Kreuz, 1

Warum helfen?

Beeinträchtigung des Willens zum Leben, die man Schmerz nennt: also auch in dem Willen zum Leben um mich herum, ob es sich mir gegenüber äußern kann oder stumm bleibt. Ethik besteht also darin, dass ich die Nötigung erlebe, allem Willen zum Leben die gleiche Ehrfurcht vor dem Leben entgegenzubringen wie dem eigenen."[38]

Humanitäres Handeln lässt sich also aus dem Respekt vor aller belebten Natur ableiten. Diesen Weg beschreiten besonders östliche Religionen und Philosophien. Die Buchreligionen Judentum, Islam und Christentum leiten demgegenüber die Verpflichtung zur Menschlichkeit aus der Gottesebenbildlichkeit des Menschen ab, wie sie im Buch Genesis beschrieben ist. Von ebenso revolutionärer Bedeutung den übrigen Weltreligionen gegenüber ist sicherlich auch die erstmals positive Grundüberzeugung von einer sinnvollen Wesenheit der Schöpfung. Die urchristliche Ethik ist die Lehre von einer theologisch, asketisch und altruistisch geprägten Liebesmoral. Der Glaube an ihre Heilswirksamkeit und die Befolgung der glaubensrituellen Praxis führen über die Rechtfertigung durch Christus zum ewigen Leben. Kritikpunkt könnte hierbei aber eine Selbstzentriertheit des Menschen sein. In der Auffassung von einer voraussetzungslosen Rechtfertigung allein aus der Gnade ist vielleicht einer der Gründe für die Formulierung des humanitären Grundsatzes der Unparteilichkeit durch charismatische und christlich geprägte Persönlichkeiten in der Mitte des neunzehnten Jahrhunderts zu vermuten. FLORENCE NIGHTINGALE[39], HENRY DUNANT[40] und CLARA BARTON[41] sind hier zu nennen. Unparteilichkeit als Grundsatz des Roten Kreuzes und der Genfer Völkerrechtskonventionen bedeutet ja ebenfalls voraussetzungslose Hilfeleistung alleine nach dem Maß der Not und ungeachtet der Tatsache, ob die Opfer schuldig oder unschuldig in Not geraten sind[42]. Selbst aber für das Internationale Komitee vom Roten Kreuz bleiben die Grundsätze der Neutralität und Unparteilichkeit immer Instrumente zur Ermöglichung der humanitären Hilfeleistung und stellen keine sittlichen Werte an sich dar.[43] Besonders die Neutralität ist nicht eine Tugend, sondern ein Instrument!

---

38 Schweitzer A (1996) Kultur und Ethik. München: Beck, 333 f.
39 vgl. Nightingale F (2005) Bemerkungen zur Krankenpflege. Die „Notes on Nursing" neu übersetzt und kommentiert von Christoph Schweikardt und Susanne Schulze-Jaschok. Frankfurt a.M.: Mabuse-Verlag
40 vgl. Dunant H (2002) Eine Erinnerung an Solferino. Ins Deutsche übertragen von Richard Tüngel nach der Originalausgabe von 1862. 2. Aufl. Bern: Schweizerisches Rotes Kreuz
41 vgl. Burton DH (1995) Clara Barton. In the Service of Humanity. Westport CT: Greenwood
42 Fleck D (Hrsg.) (1994) Handbuch des humanitären Völkerrechts in bewaffneten Konflikten. München: Beck
43 vgl. Durand A. (1984) History of the International Committee of the Red Cross: from Sarajevo to Hiroshima. Genf: Henry Dunant Institute

Voraussetzung für tatsächlich uneigennützige Hilfeleistung ist auch die Freiheit von dem Zwang oder dem Bedürfnis, sich selbst als guten Menschen beweisen zu müssen, damit ein Gefühl der Minderwertigkeit durch das Helfen kompensiert wird, „die Freiheit zur Mitmenschlichkeit" im Sinne BONHOEFFERS also.[44] Auch im Werk des EMMANUEL LÉVINAS findet sich eine ähnliche Gedankenführung:[45] „Um dieser Begegnung mit dem Anderen, mit einer Exteriorität standzuhalten, muss das Individuum als Ich konstituiert sein. Ehe es dem Anderen ausgesetzt ist, muss es als Ich in seiner Innerlichkeit gesetzt sein." Erst das Bewusstsein voraussetzungsloser Gnade konnte also den Humanitarismus in der christlichen Welt von der Selbstzentriertheit der Werkgerechtigkeit lösen und Humanität ganz um ihrer selbst willen ermöglichen. Auch Freiwilligkeit und Ehrenamtlichkeit wurden bereits 1862 von HENRY DUNANT als Grundvoraussetzung für tatsächlich humanitäres Handeln genannt: „Für eine Aufgabe solcher Art kann man keine Lohnarbeiter brauchen."[46] Humanität und Humanitarismus als moralische und ethische Kategorien finden ihre Wurzeln also in der Verhaltensbiologie und der Anthropologie sowie als ethisch-religiöse Grundwerte aller Menschen; Humanität und Humanitarismus sind keine bloße Eigenschaft einzelner Persönlichkeiten, sondern sie sind Wesenheit aller Menschen und waren wohl wichtigste Voraussetzung zur Menschwerdung überhaupt.

Angesichts der beträchtlichen logistischen und technischen Weiterentwicklung der Nothilfewerkzeuge hat sich in den letzten Jahrzehnten das moralische Dilemma der internationalen Soforthilfe zunehmend von Fragestellungen der Hilfeleistung zu solchen der Hilfeverteilung verschoben.[47] Für die Verteilungsgerechtigkeit besonders in der Soforthilfe hat das humanitäre Prinzip der Unparteilichkeit Vorrang, es vereint in sich den Respekt vor der unbedingten Gleichheit aller Menschen, die darauf aufbauende Gleichbehandlung aller Menschen und die angemessene Hilfeleistung allein nach dem Maß der Not.[48]

---

44 Green CJ (2004) Freiheit zur Mitmenschlichkeit; Dietrich Bonhoeffers Theologie der Sozialität. Gütersloh: Gütersloher Verlagshaus, 132, 300
45 Staudigl B (2009) Emmanuel Lévinas. Göttingen: Vandenhoeck & Ruprecht, 37
46 Dunant H (2002) Eine Erinnerung an Solferino. Ins Deutsche übertragen von Richard Tüngel nach der Originalausgabe von 1862. 2. Aufl. Bern: Schweizerisches Rotes Kreuz, 153
47 de Waal A (2010) The humanitarians' tragedy: escapable and inescapable cruelties. Disasters 34 (Suppl 2): S130-7
48 Haug H (1993) Humanity for all; the International Red Cross and Red Crescent Movement. Bern; Stuttgart; Wien: Haupt, 455 ff.

Für eine Verteilungsethik in der Nothilfe kann die Kultivierung der Tugenden in Form der Tugendethik von PLATO oder ARISTOTELES herangezogen werden. Charaktereigenschaften wie Weisheit (σοφια), Besonnenheit (σωφροσυνη), Gerechtigkeit (δικαιοσυνη) oder Tapferkeit (ανδρεια), evtl. gepaart mit den THOMANISCHEN christlichen Tugenden Glaube (πιστισ), Liebe (αγαπη) und Hoffnung (ελπισ), lassen von Trägern dieser Eigenschaften schon statistisch gesehen mit gewisser Wahrscheinlichkeit eine sittlich richtige Entscheidung erwarten.[49]

Auch die Pflichtethik oder Deontologie[50] von IMMANUEL KANT[51] führt über die kategorischen Imperative zu rechter Entscheidung in Verteilungsfragen und begründet ja ohnehin schon über die Gegenseitigkeitsvermutung alle wesentlichen Elemente des humanitären Völkerrechts.

Die Zweckethik oder teleologische Ethik nach JEREMY BENTHAM, JOHN STUART MILL oder HENRY SIDGWICK bemisst die Sittlichkeit einer Handlung aus Sicht des erreichten Ergebnisses, das in Verteilungssituationen einen größtmöglichen Nutzen für die größtmögliche Anzahl von Empfängern erreichen sollte.[52] Eine Weiterentwicklung dieses Zweckgedankens stellt die Theorie der Gerechtigkeit als Fairness von JOHN RAWLS dar[53], die im Falle der Verteilung knapper Ressourcen dazu führt, dass die Bedürftigsten die meiste Zuwendung erhalten sollen, was tatsächlich die momentane Situation des Gesundheitswesens reicher Länder beschreibt, in Nothilfesituationen allerdings kaum leistbar erscheint.

Schließlich können in Situationen der notwendigen Verteilung knapper Ressourcen und in Fragen anzuwendender medizinischer Standards auch die Überlegungen des Ökonomen und Soziologen VILFREDO FEDERICO PARETO[54] herangezogen werden, der die Sittlichkeit systematischer Veränderungen immer dann gewährleistet sah, wenn nach diesen zumindest kein Einzelner schlechtergestellt war als zuvor.

Warum helfen?

---

49 Nissing HG, Müller J (Hrsg.) (2009) Grundpositionen philosophischer Ethik. Darmstadt: Wissenschaftliche Buchgesellschaft, 23 ff.
50 το δεον (griech.): das Gegebene, die Pflicht
51 Kant, I (1974) Grundlegung zur Metaphysik der Sitten. Kritik der praktischen Vernunft. Frankfurt am Main: Suhrkamp, 30 ff.
52 vgl. Rawls J (2000) Geschichte der Moralphilosophie. Frankfurt am Main: Suhrkamp
53 vgl. Rawls J (1975) Eine Theorie der Gerechtigkeit. Frankfurt am Main: Suhrkamp
54 vgl. Pareto W (2007) Ausgewählte Schriften; eingel. und herausg. v. Carlo Mongardini. Wiesbaden: vs verlag fuer sozialwissenschaften

In seinem Roman „Flamingofeder" hat LAURENS VAN DER POST vor fünfzig Jahren der kreatürlichen Verbundenheit mit dem Opfer Ausdruck verliehen, dieser tiefsten Motivation, die einen jeden Helfenden in Katastrophensituationen ergreift und ausfüllt: „Diesen Blick werde ich nie vergessen. Ein solcher Blick ist nicht nur dem Menschen eigen, sondern auch allen schwerverletzten sterbenden Tierwesen. [...] Während ich bei ihm kniete, wurde ich tief von dem Blick angerührt. Ich habe viele Menschen auf sehr verschiedene Weise sterben sehen, aber ich werde durch Gewöhnung nicht unempfindlicher gegen dieses Geschehen. Jedesmal, wenn ich dem Tode begegne, ist es wie das allererste Mal: in Demut enthülle ich mein innerstes Sein und Fühlen vor jener unbegreiflichen Majestät. Dieser Mann hier war mir völlig fremd, und doch war er mir in diesem Blick ganz nahegerückt, fast ein Teil meiner selbst geworden. Vielleicht kommen wir alle uns im Leben nur dadurch nahe, dass wir uns gemeinsam diesem Ende nähern, welches uns zuletzt vereint."[55]

Auf dem Boden einer solchen erschütternden menschlichen Verbundenheit sind Humanität und Humanitarismus sittliche und ethische Kategorien. Sie bejahen die Befreiung des Menschen aus narzisstischem Selbstbestätigungszwang und sind Grundlagen eines verantwortlichen Eintretens für andere in Freiheit. Humanität ist angesichts seiner „Unmöglichkeit, sich zu distanzieren"[56] die Wesenheit des Menschen, der dem Egoismus und der Aggressivität zum Trotz dem anderen Menschen hilft, sei es aufgrund der gemeinsam angenommenen Gottesebenbildlichkeit oder aufgrund des gemeinsamen Menschseins.

---

55 van der Post L (1995) Flamingofeder. Zürich: Diogenes Verlag, 12 f.
56 Lévinas E (1998) Jenseits des Seins oder anders als Sein geschieht. Freiburg; München: Karl Alber, 249

Ngara in Tansania – an der Grenze zu Ruanda von August bis Oktober 1995, wo in der Folge des Genozids und des Bürgerkrieges in Ruanda mehr als 500.000 Menschen aus Ruanda Zuflucht fanden.

2° 29′ 40″ S
30° 39′ 46″ O

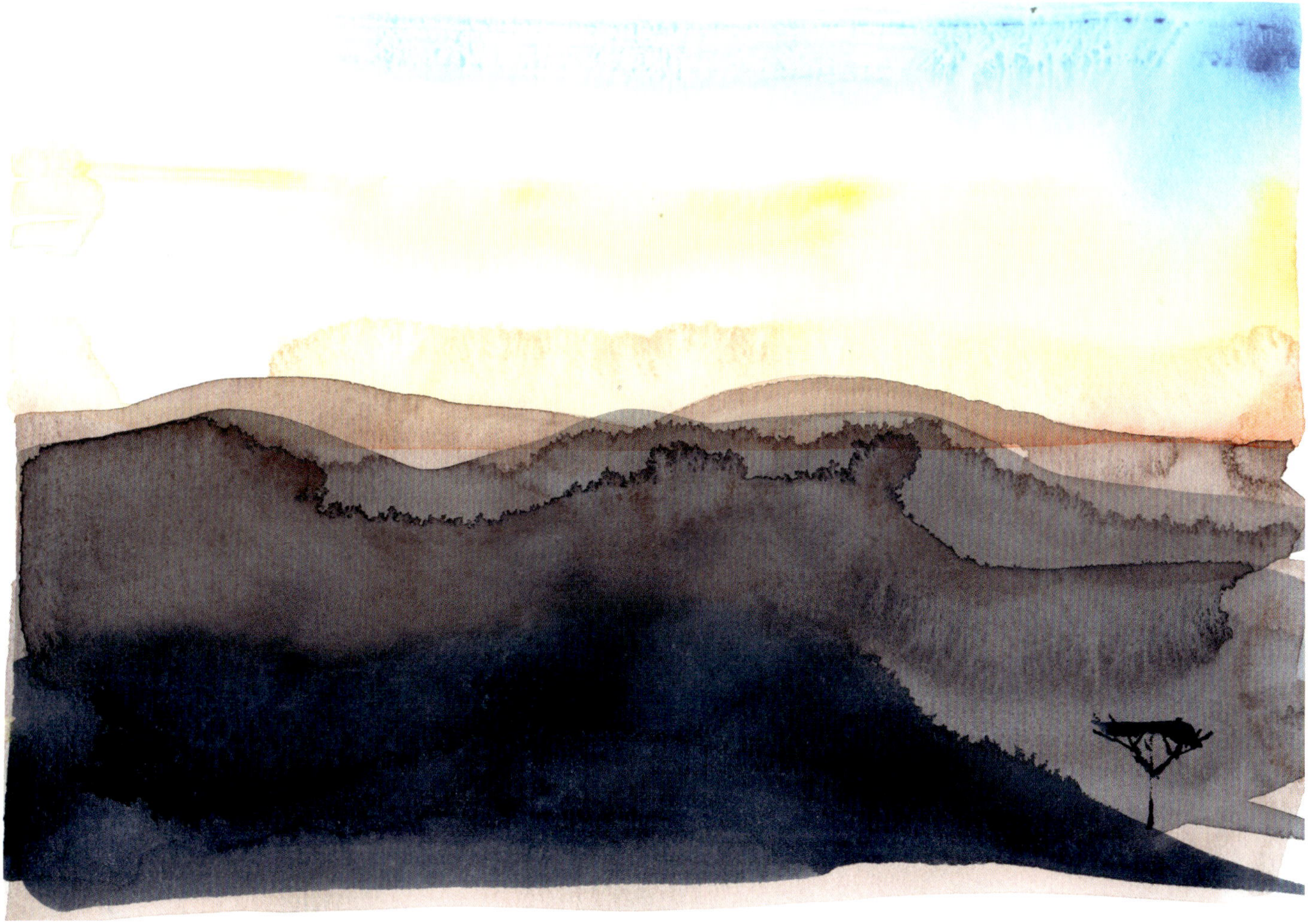

Lager Benaco Camp in Tansania, nahe der Grenze zu Ruanda
im Oktober 1995

25

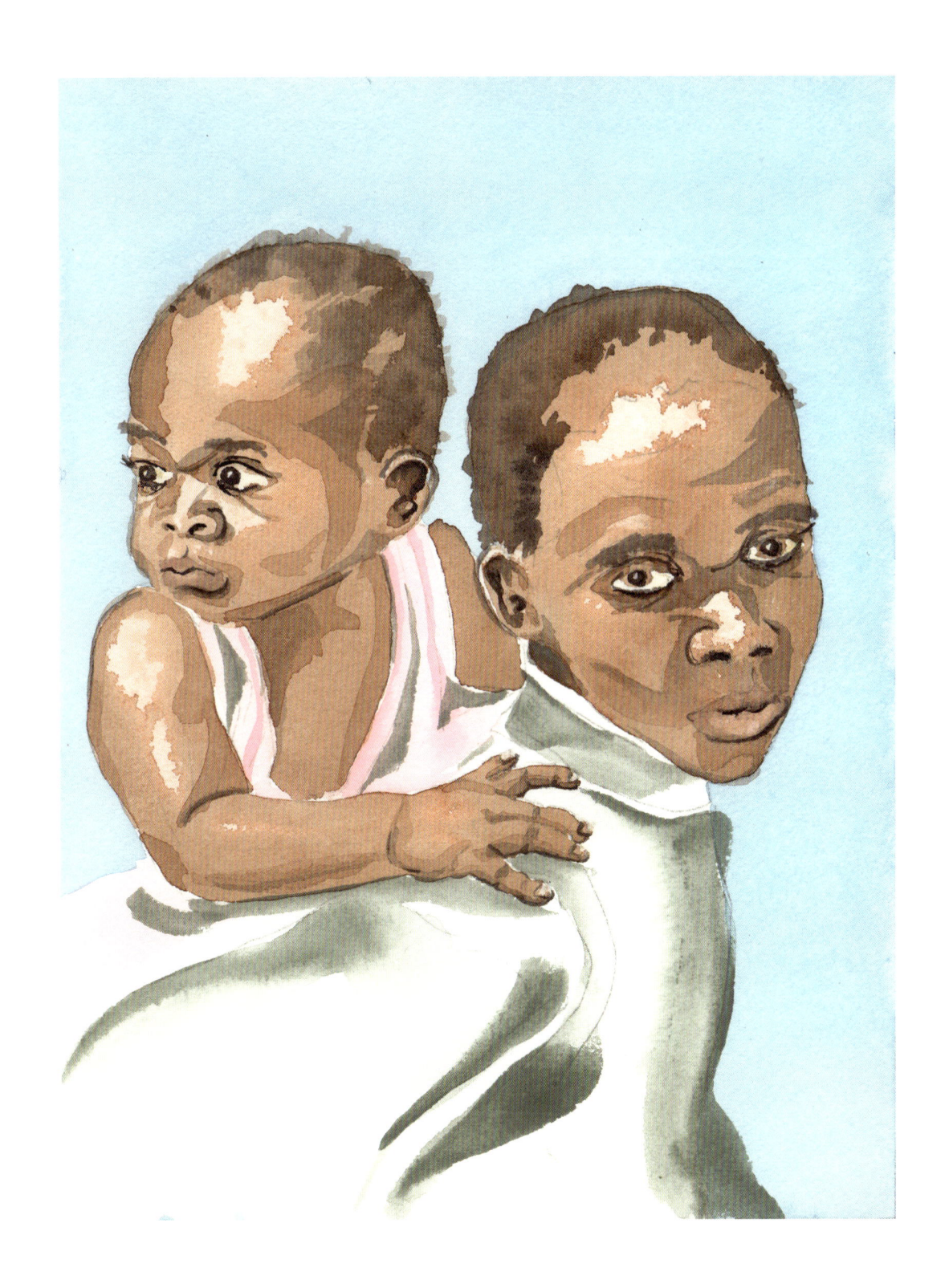

Lager Benaco Camp in Tansania, nahe der Grenze zu Ruanda
im Oktober 1995

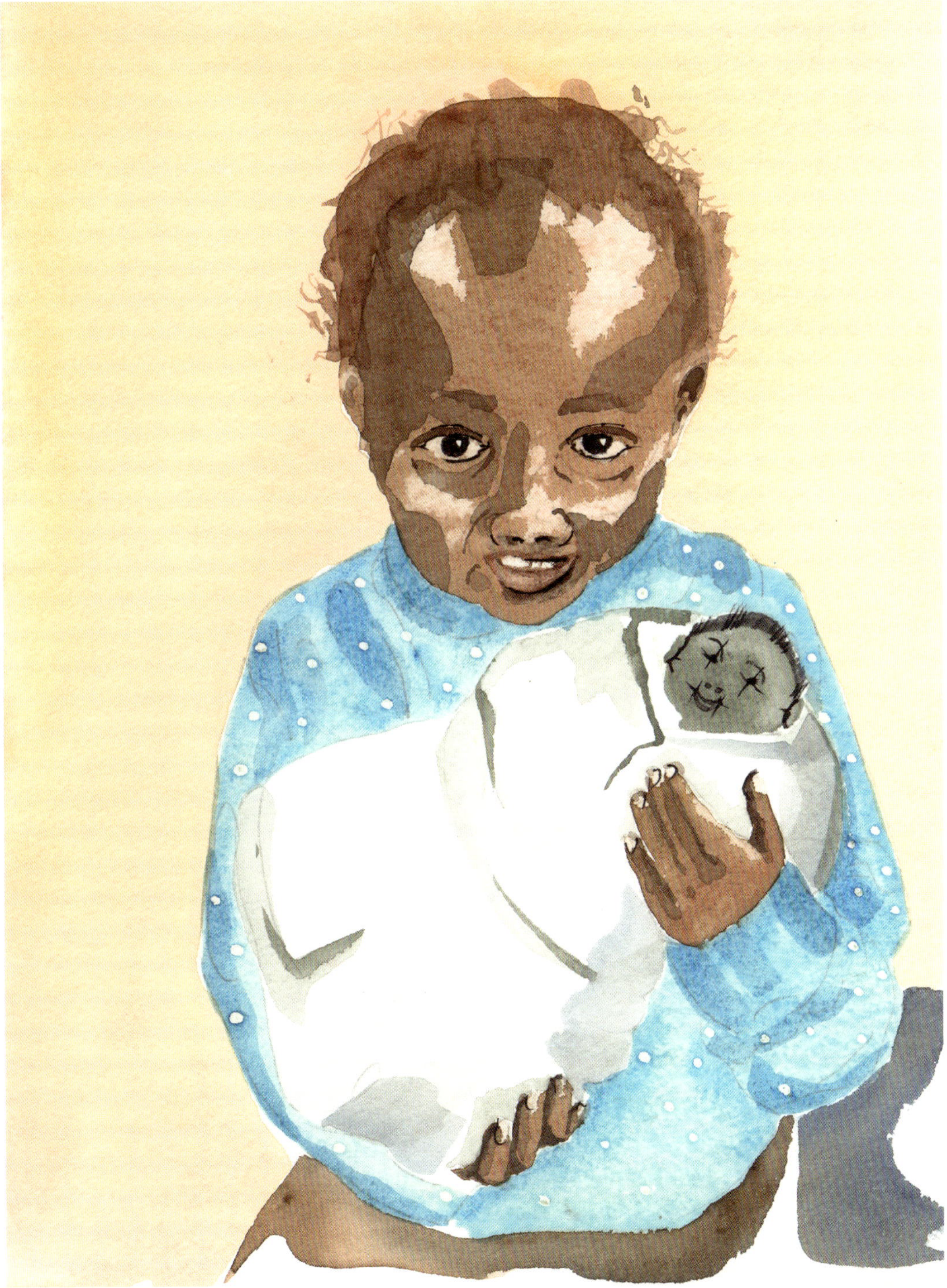

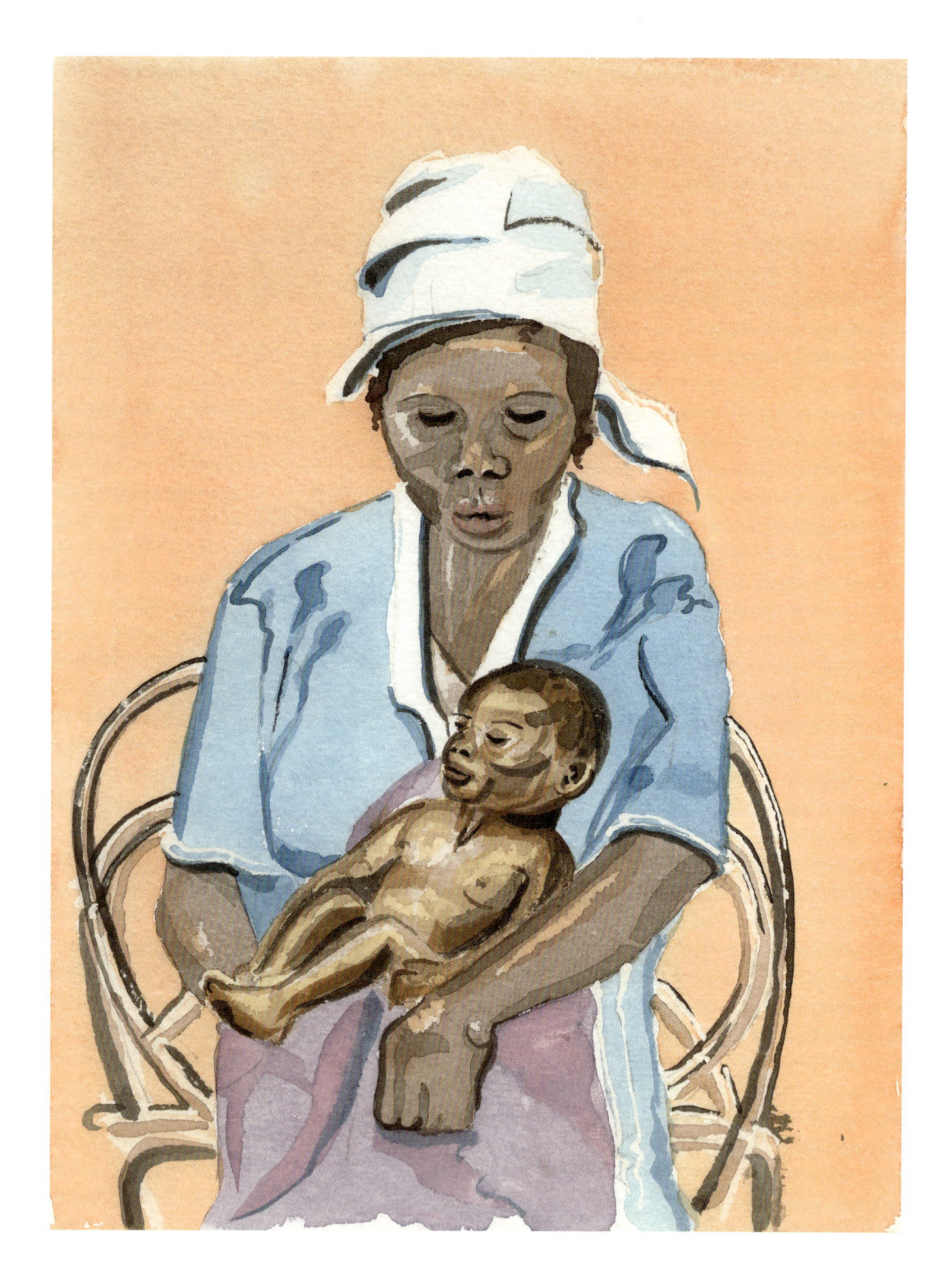

Lager Benaco Camp in Tansania, nahe der Grenze zu Ruanda
im Oktober 1995

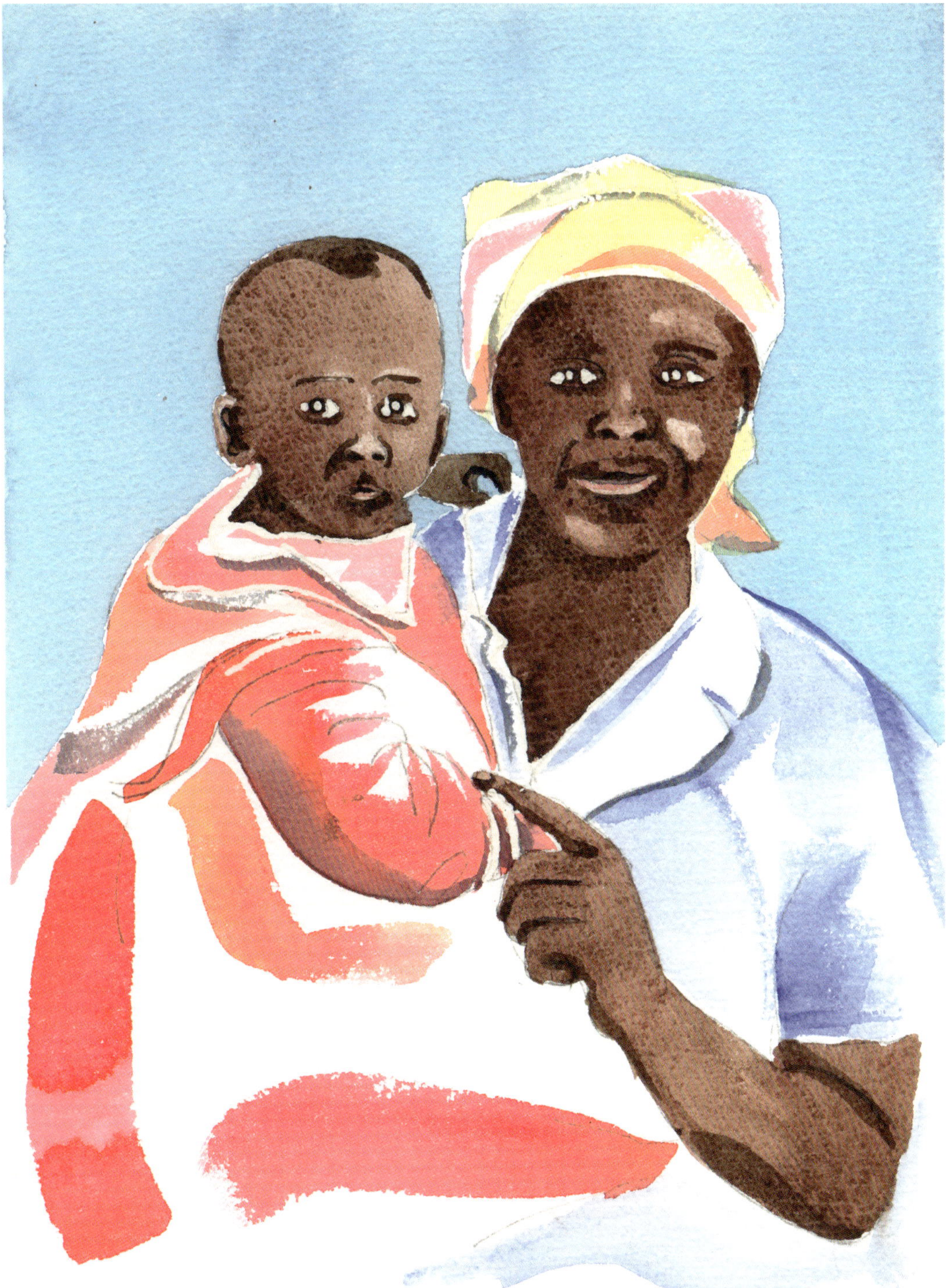

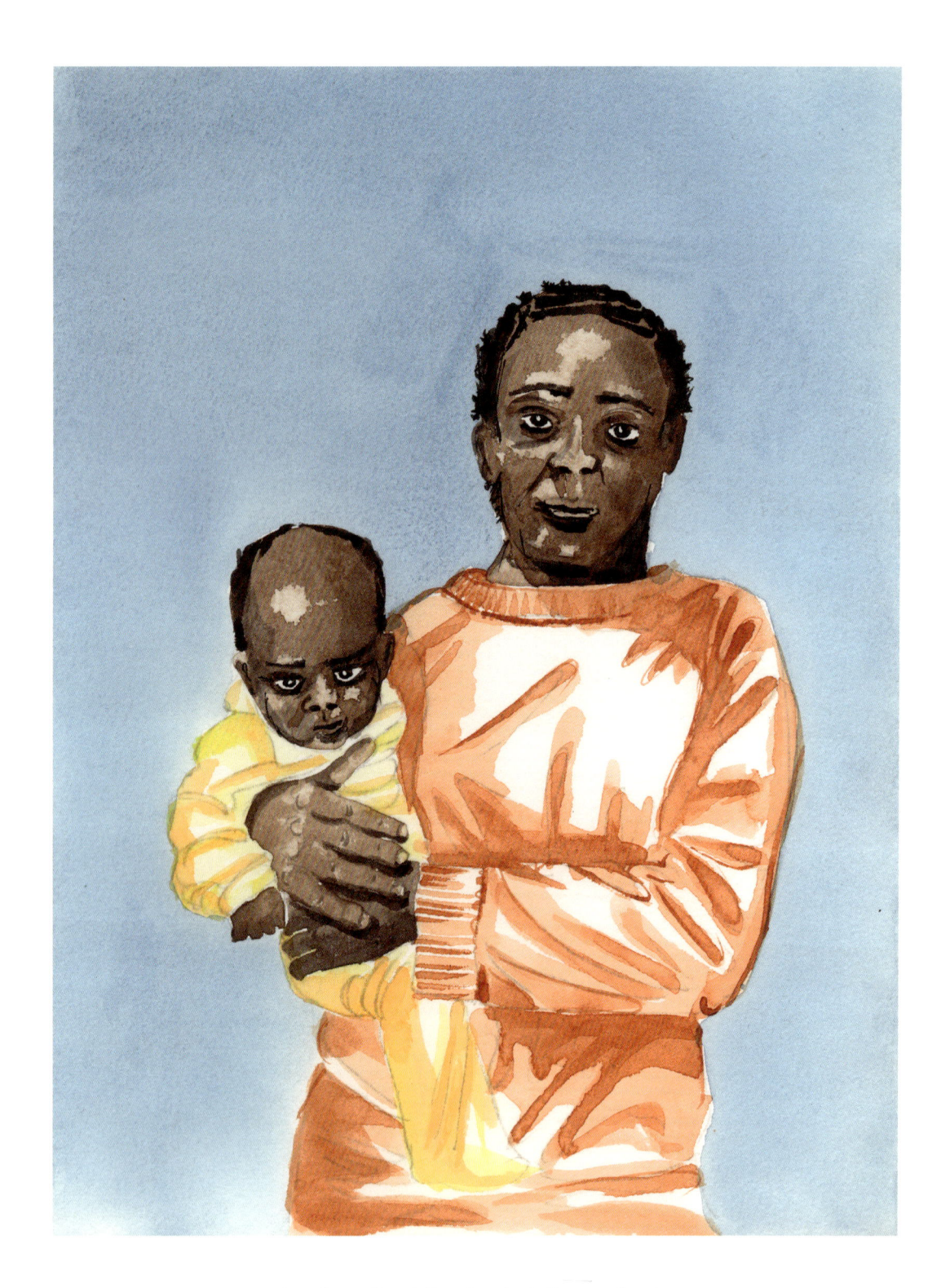

Lager Benaco Camp in Tansania, nahe der Grenze zu Ruanda
im Oktober 1995

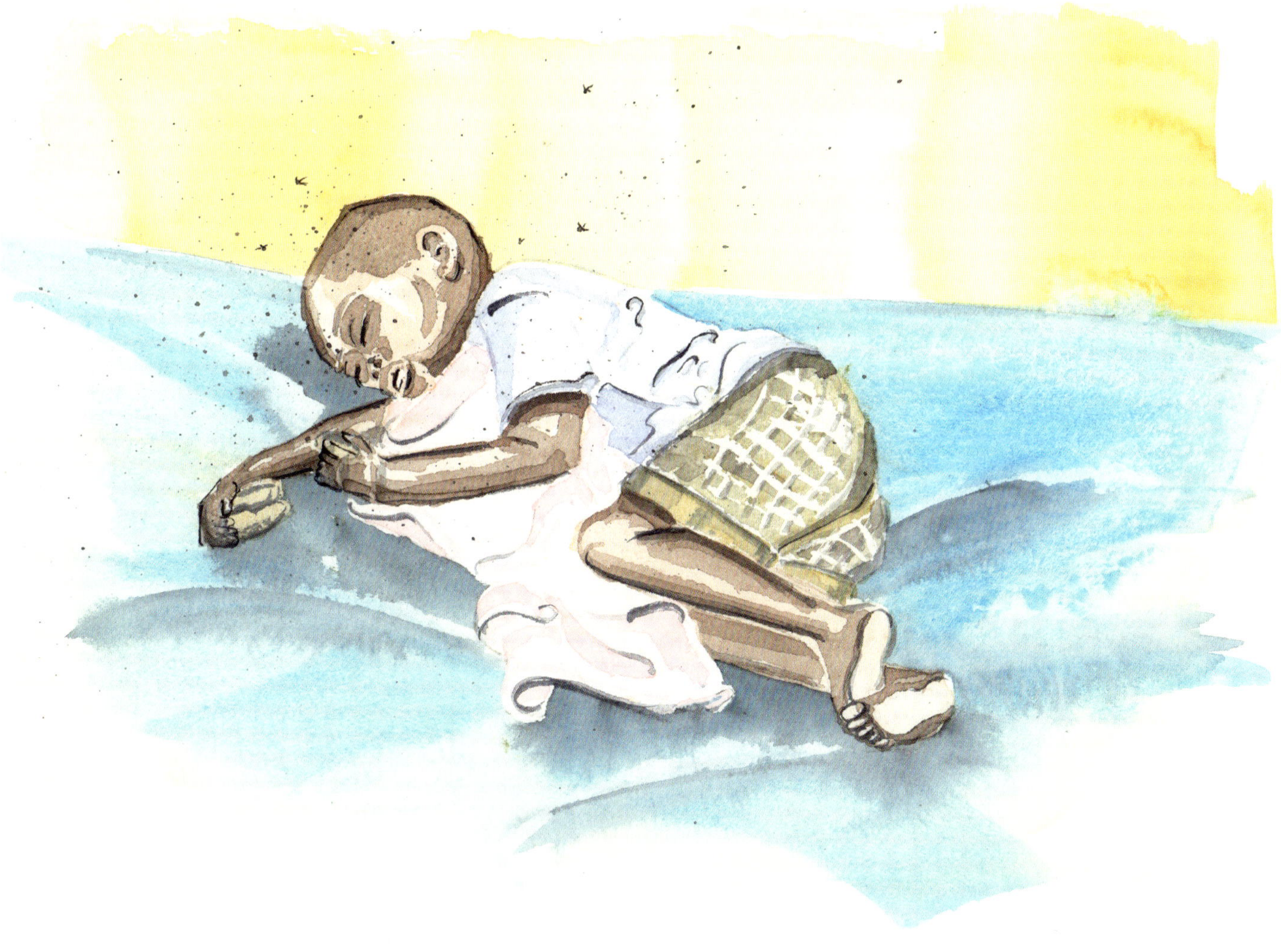

Kigoma/Tansania – im August und
September 1998, wo sich infolge
der Bürgerkriege mehr als 50.000
Flüchtlinge aus dem Kongo und aus
Burundi aufhielten.

4° 53' 38" S
29° 37' 48" O

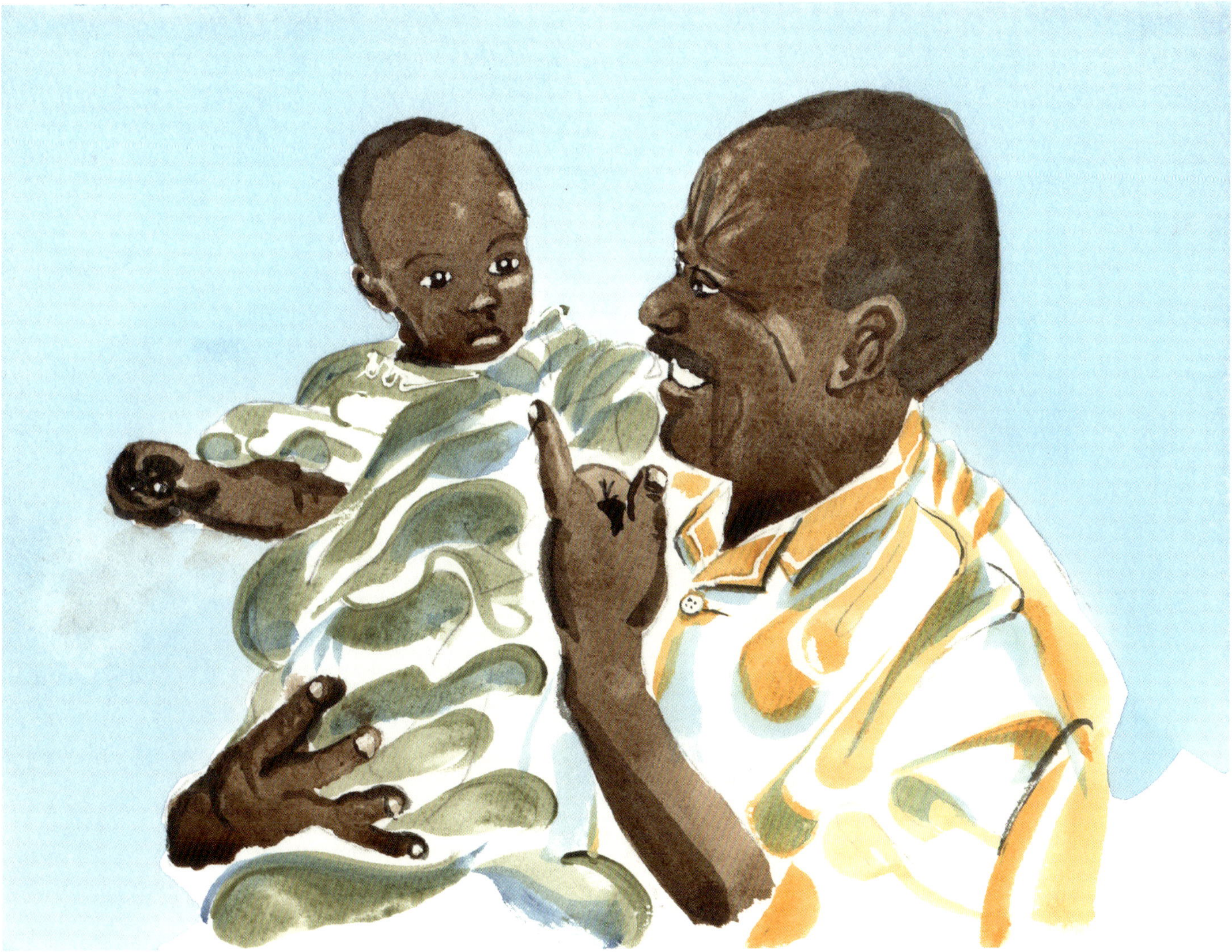

Kigoma auf der tansanischen Seite des Tanganjikasees

im September 1998

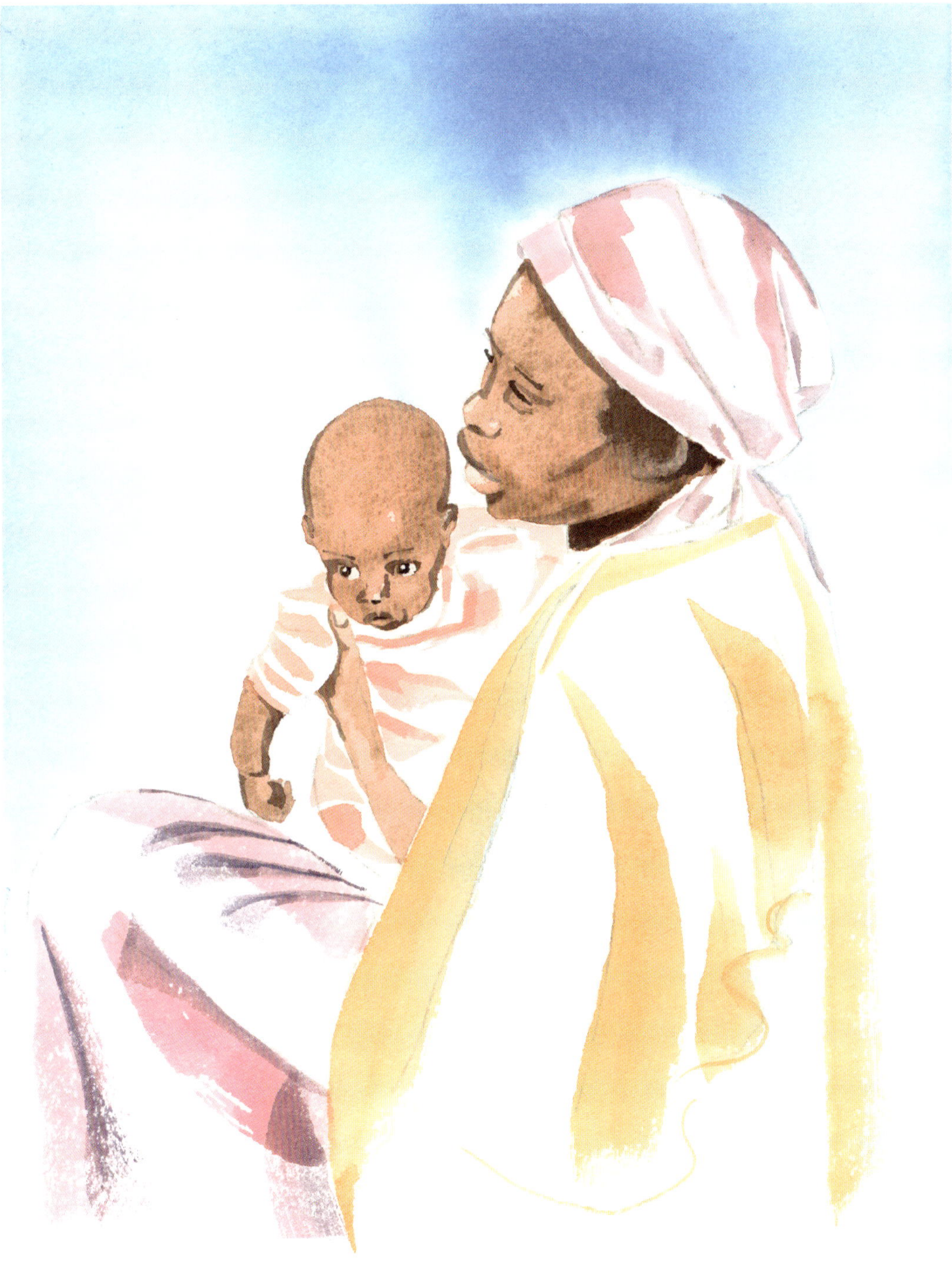

Lager Stenkovac – nördlich von Skopje in Mazedonien im April und Mai 1999, wo infolge des Kosovo-Krieges über 40.000 Flüchtlinge aus Kosovo lebten

42° 4' 34" N
21° 23' 8" O

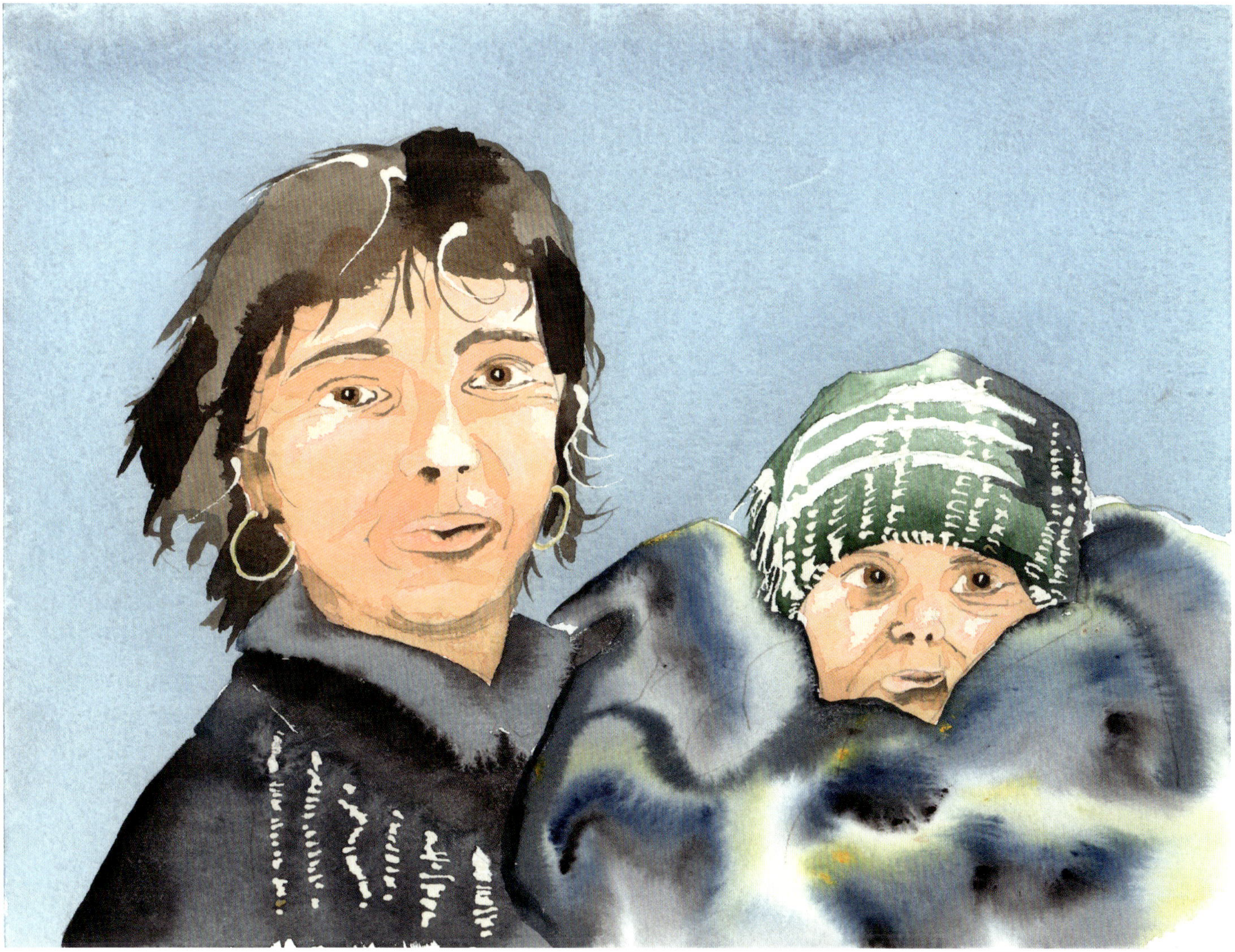

Lager Stenkovac, nördlich von Skopje in Mazedonien an der
Grenze zu Kosovo im April 1999

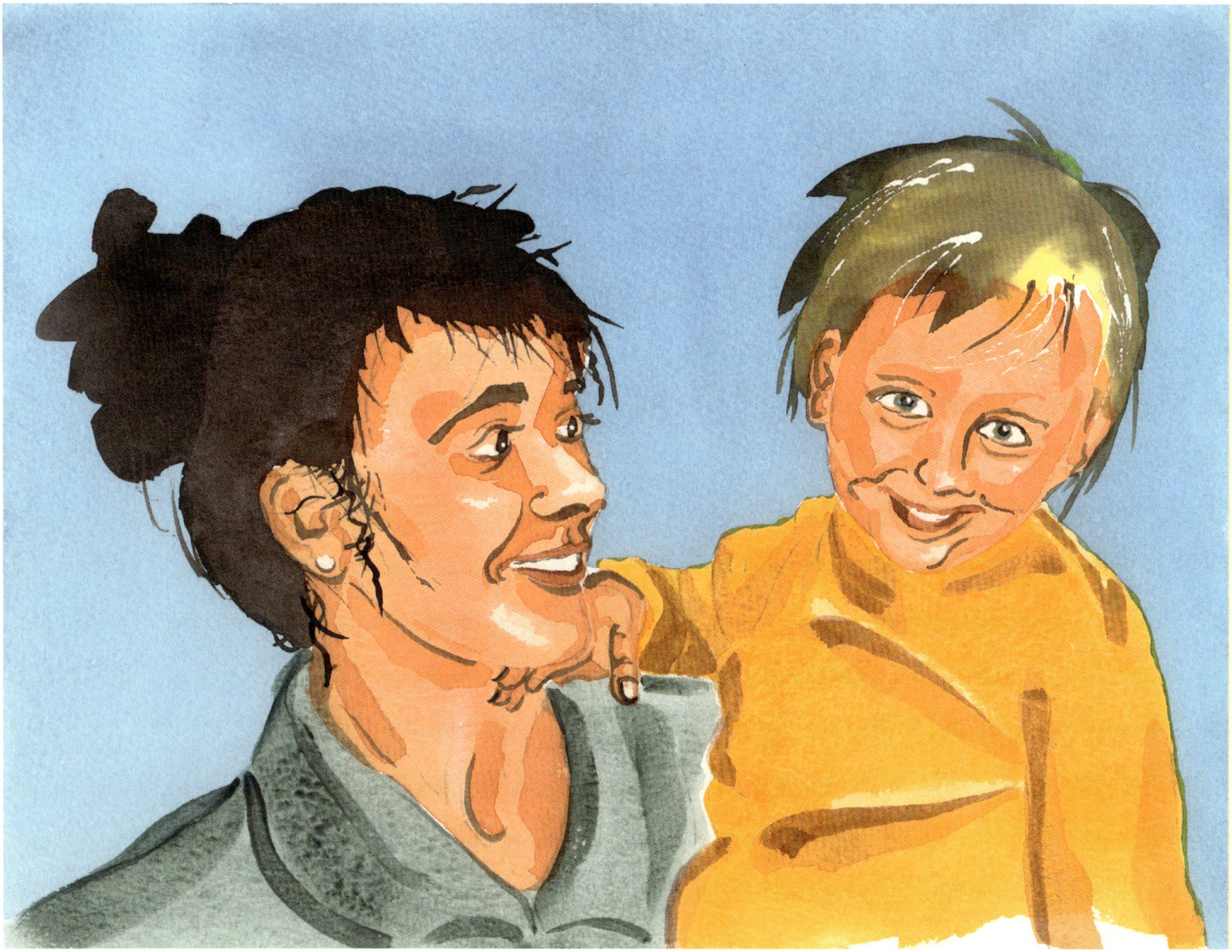

Lager Stenkovac, nördlich von Skopje in Mazedonien an der
Grenze zu Kosovo im April 1999

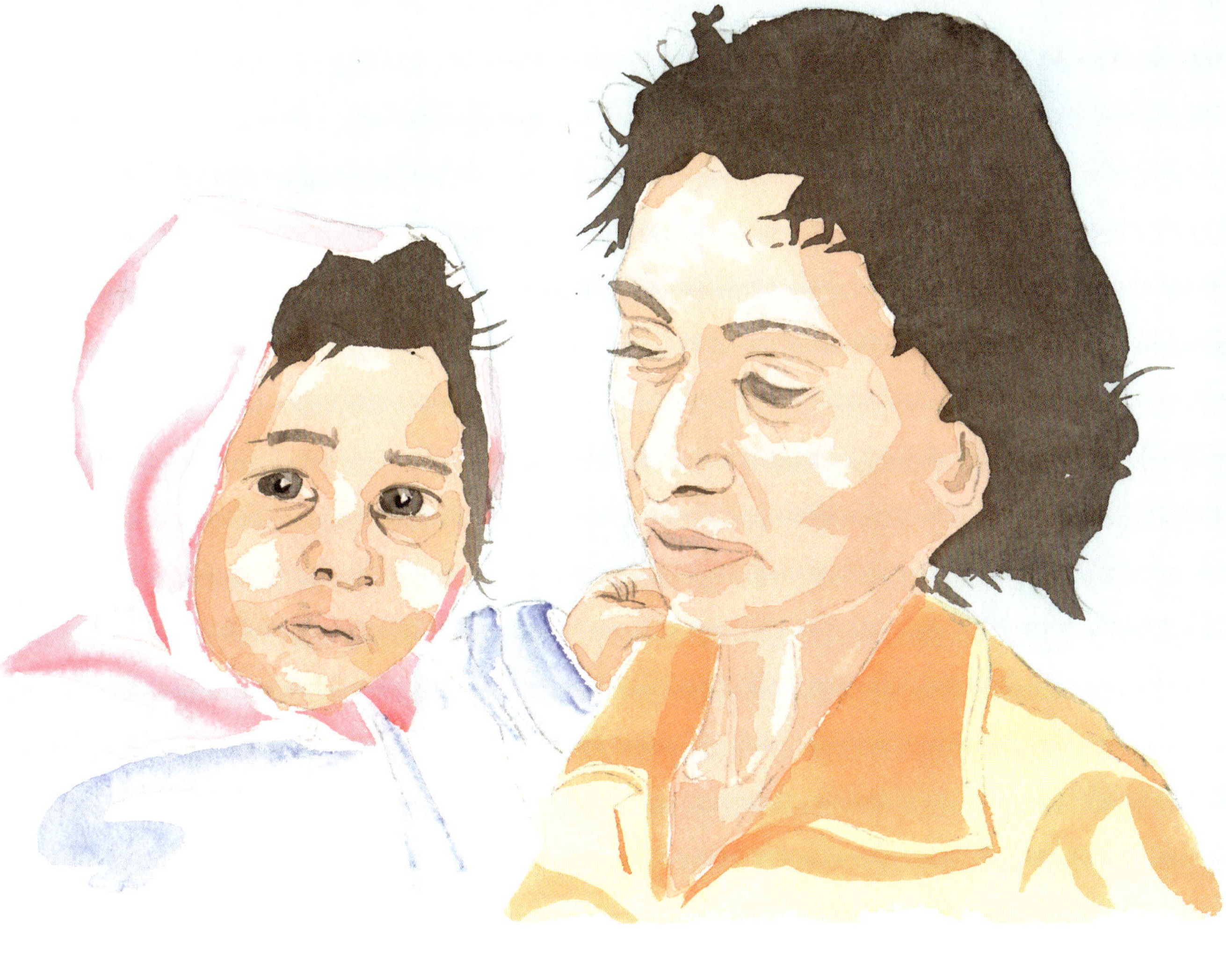

Bam in der Provinz Kerman – in der Islamischen
Republik Iran von Dezember
2003 bis Februar 2004 nach dem
schweren Erdbeben vom
26. Dezember 2003 mit 40.000
Toten, 70.000 Wohnungslosen und
30.000 Verletzten.

29° 5' 40" N
58° 20' 14" O

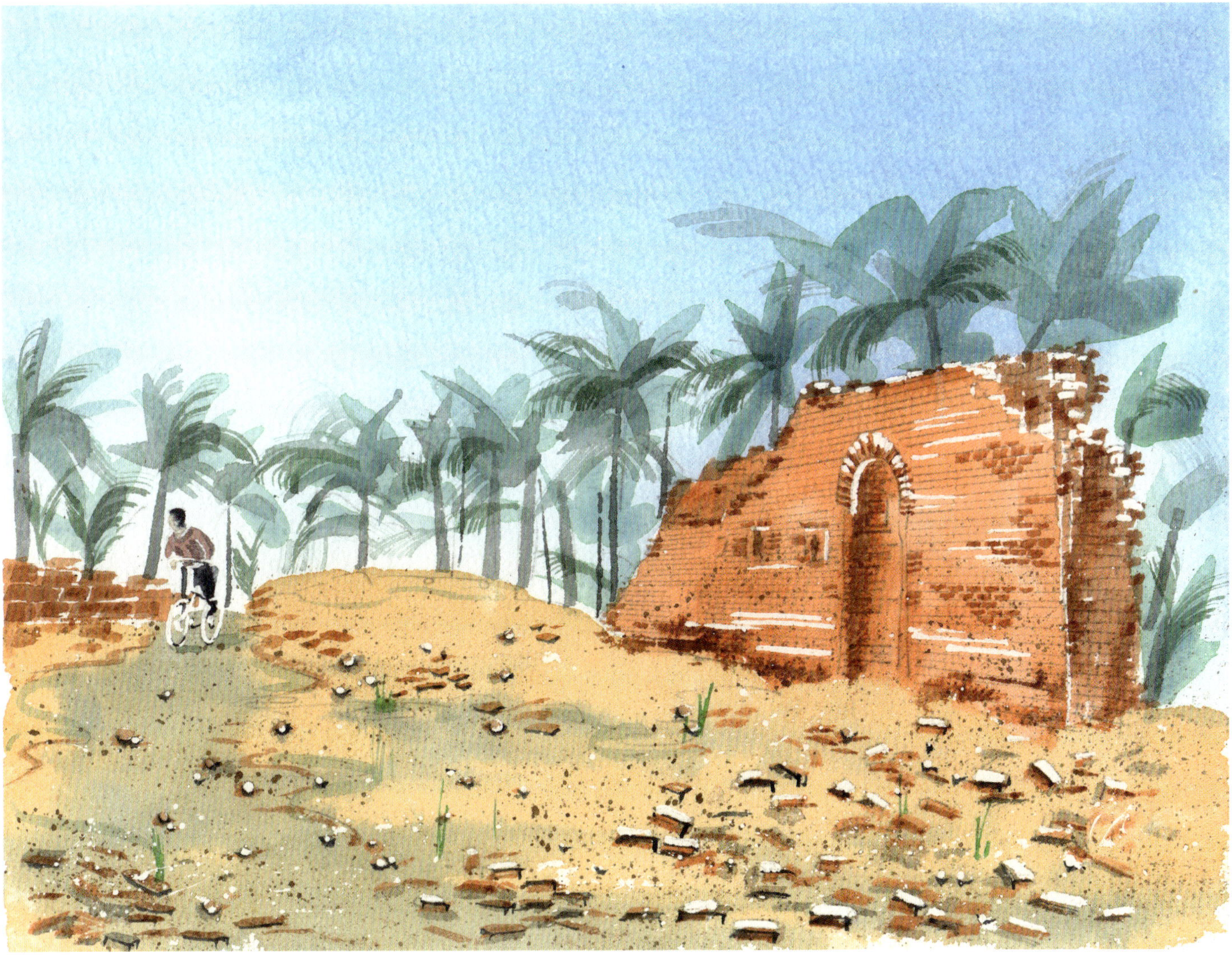

Zelthospital in Bam in der Islamischen Republik Iran
im Dezember 2003

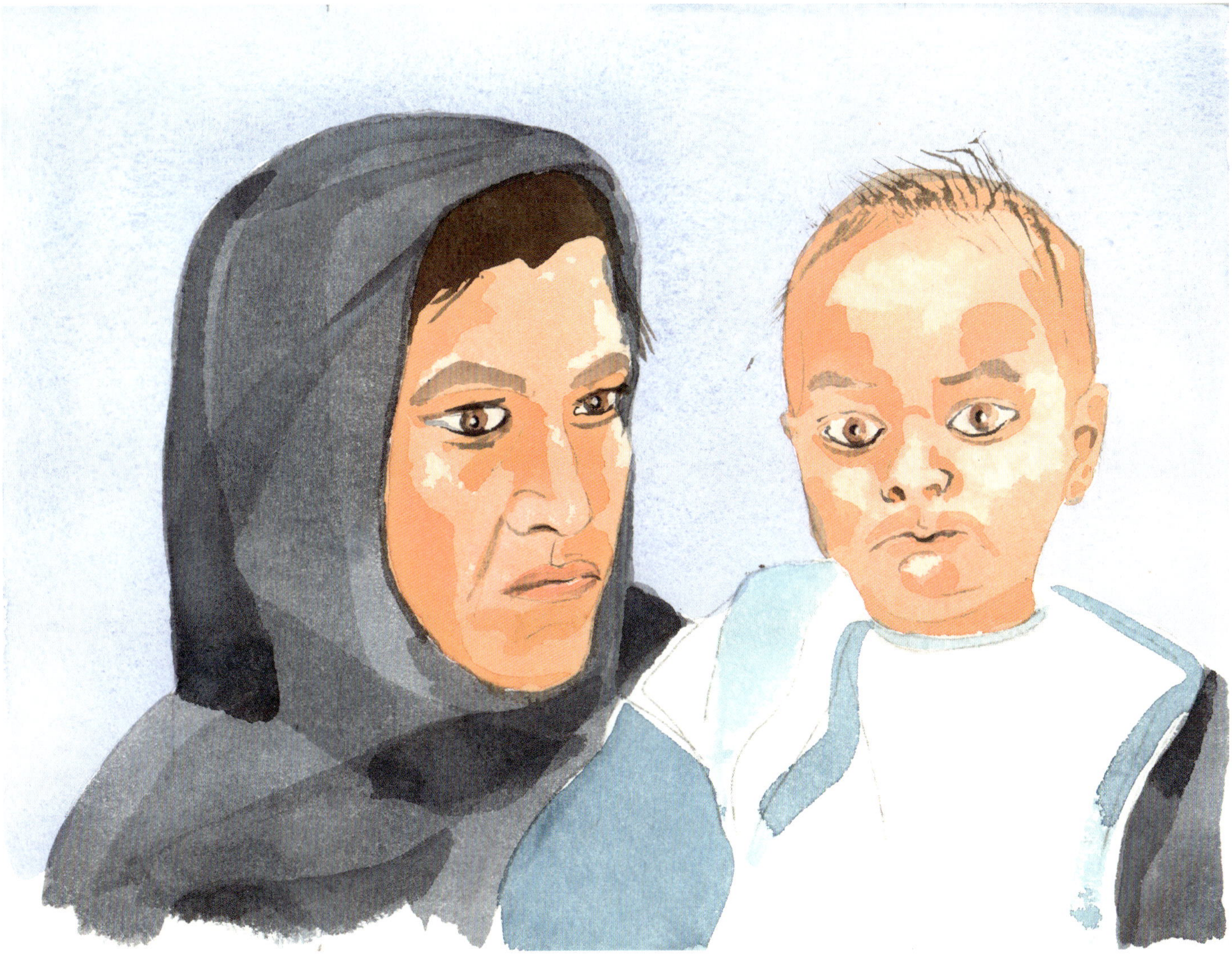

Flüchtlingslager Abshok – nahe El Fasher in der Provinz Darfur der Islamischen Republik Sudan im Juni und Juli 2004 mit über 50.000 Bürgerkriegsflüchtlingen.

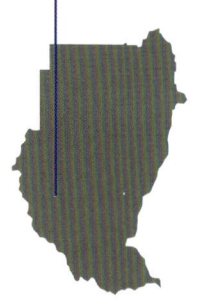

13° 37' 47" N
25° 21' 3" O

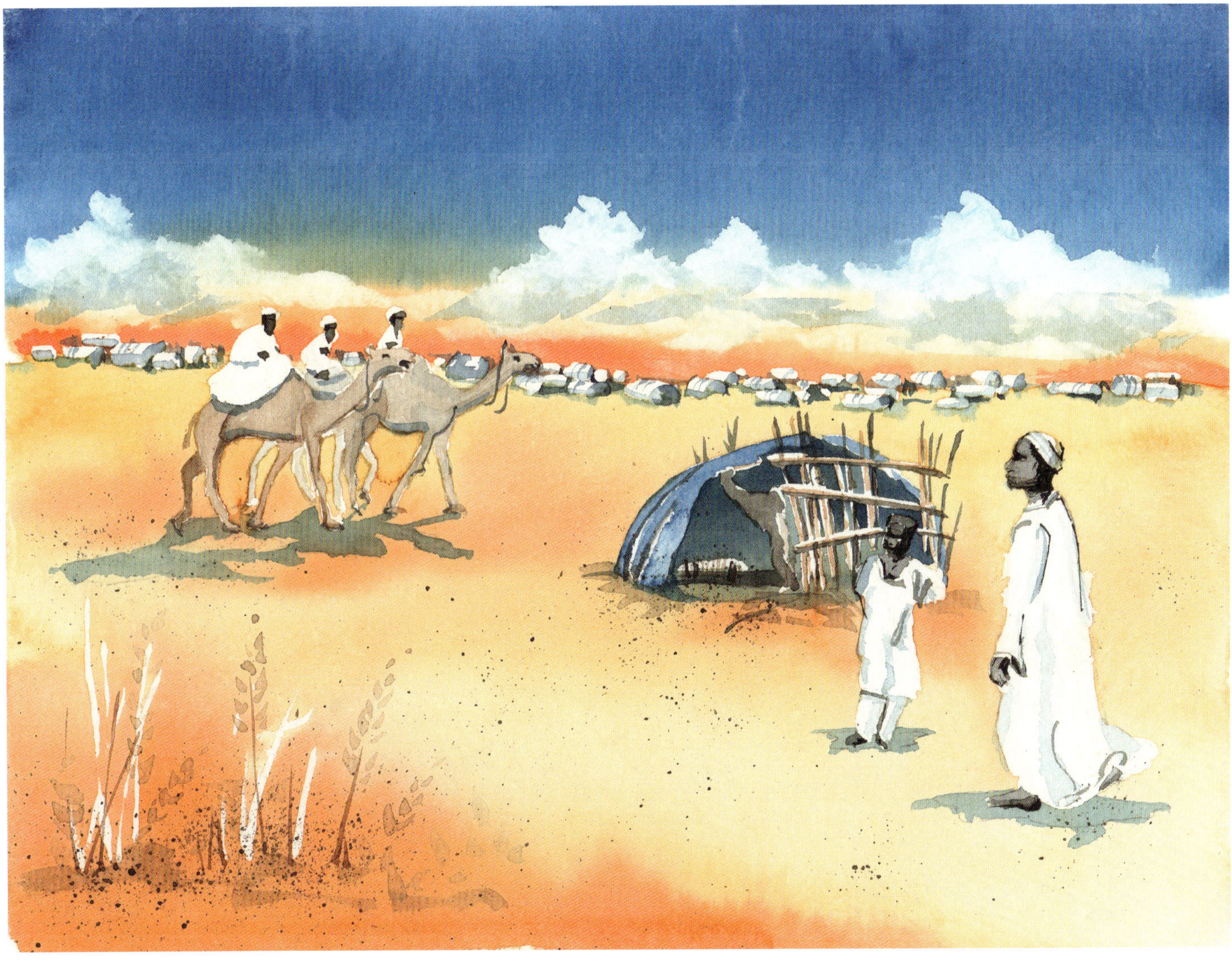

El Fasher, Darfur in der Islamischen Republik Sudan

im Juni 2004

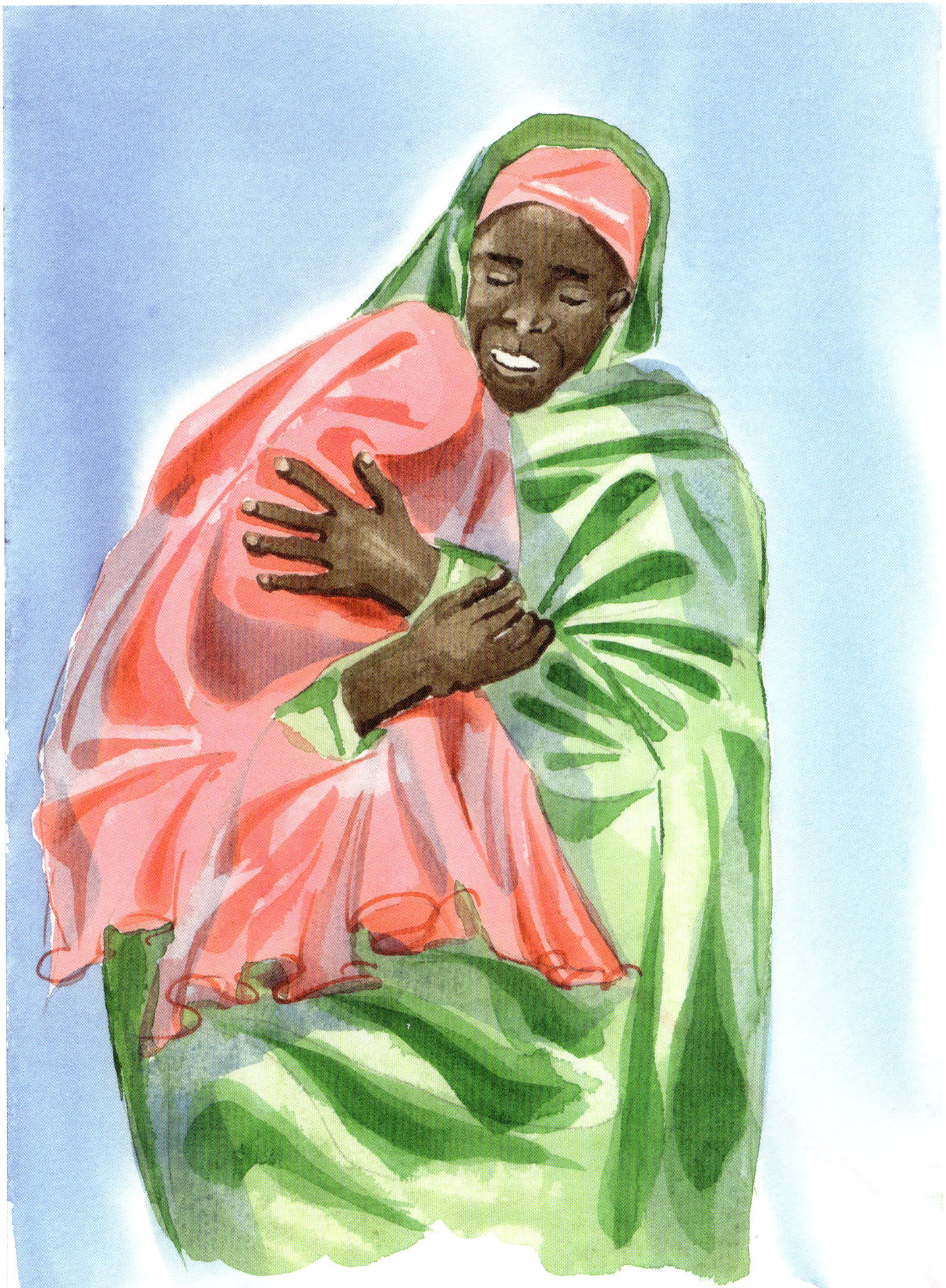

El Fasher, Darfur in der Islamischen Republik Sudan
im Juni 2004

51

El Fasher, Darfur in der Islamischen Republik Sudan
im Juni 2004

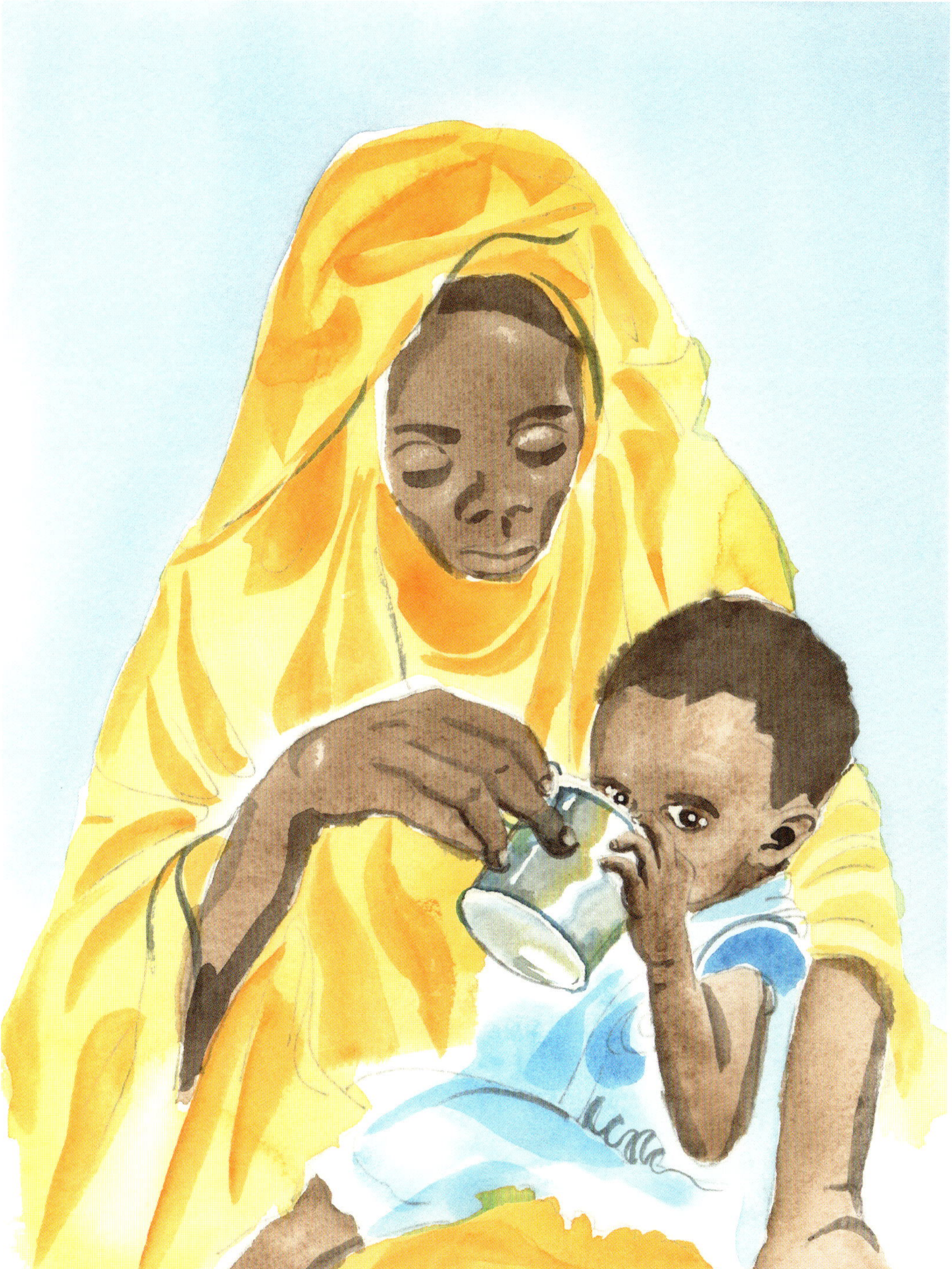

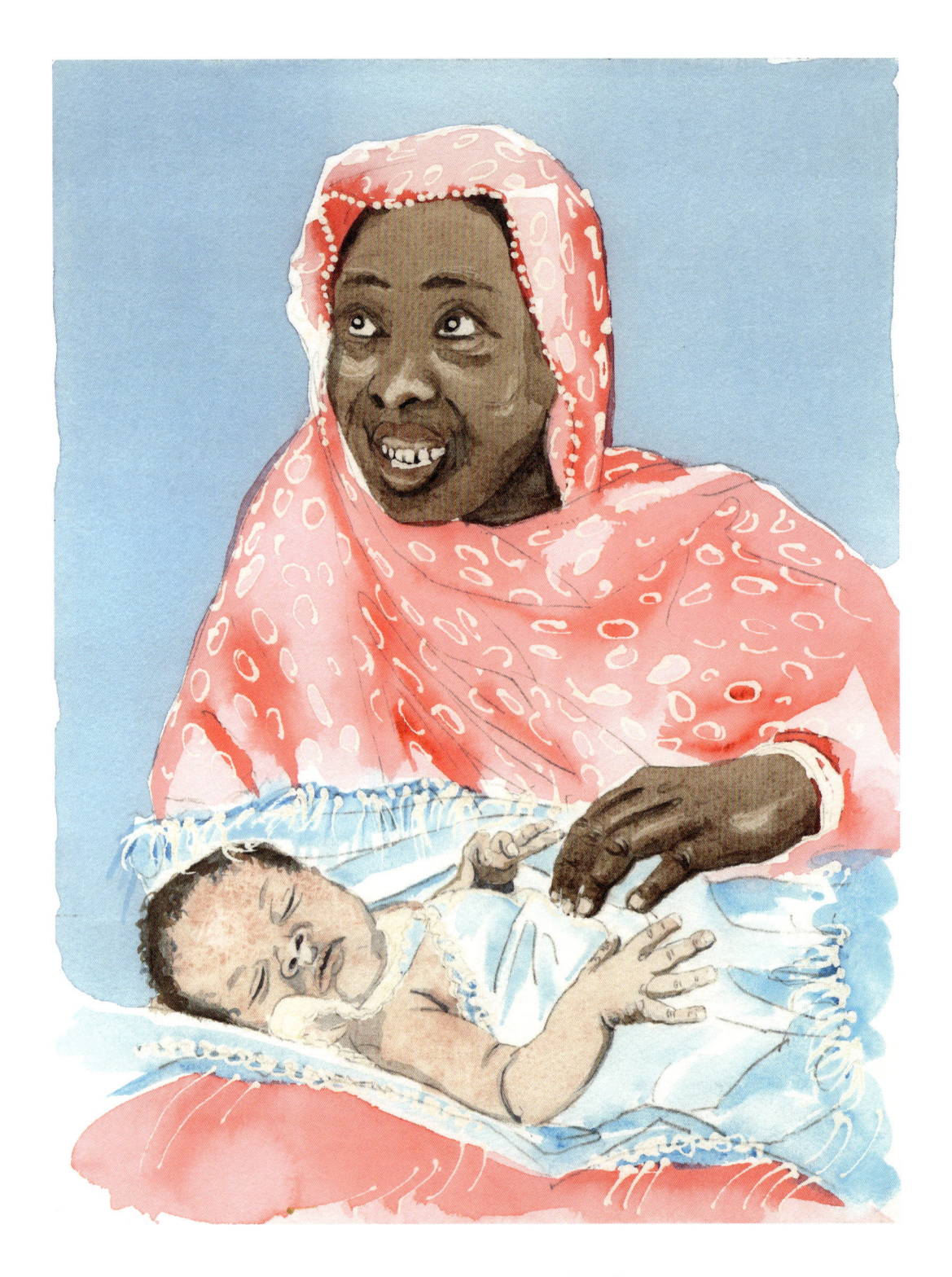

El Fasher, Darfur in der Islamischen Republik Sudan

im Juni 2004

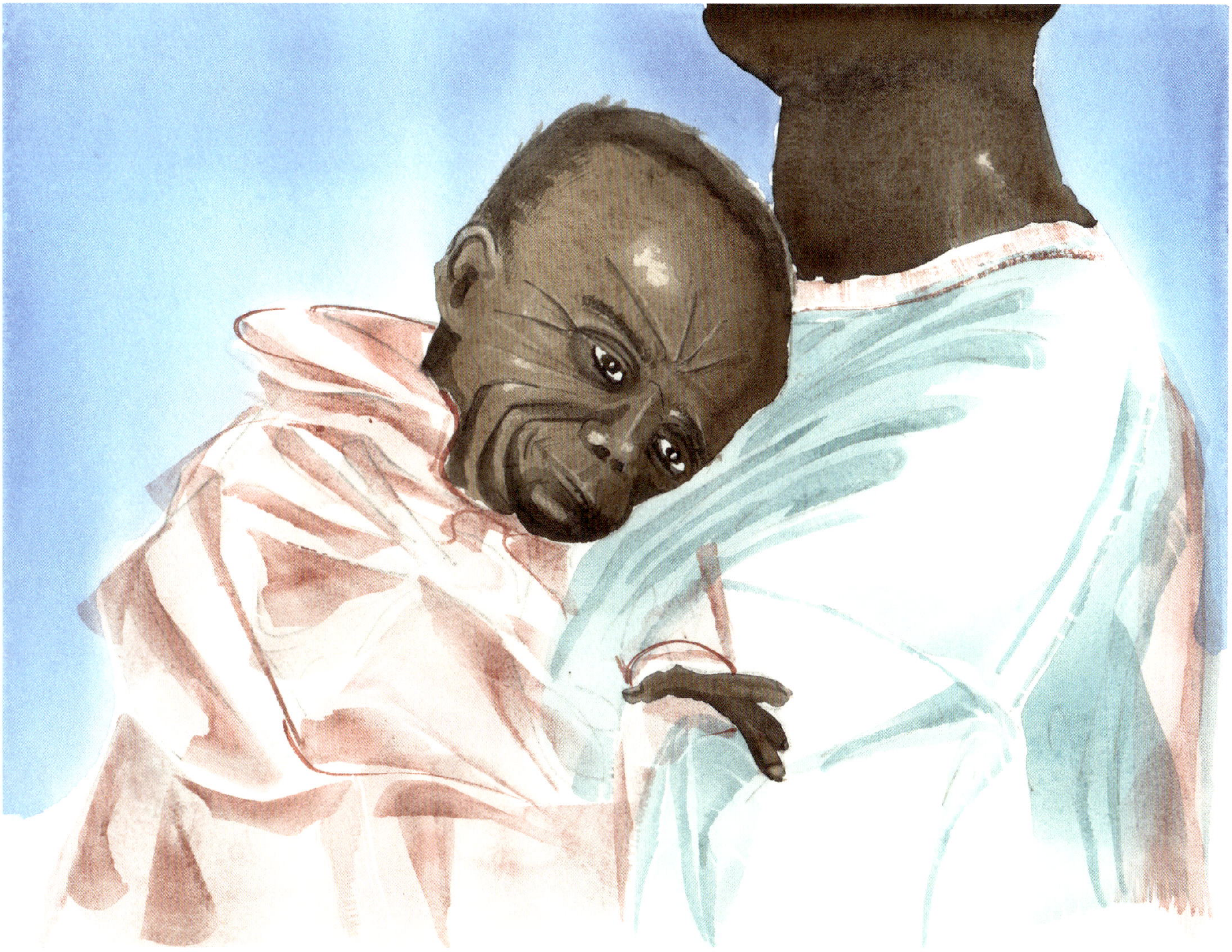

El Fasher, Darfur in der Islamischen Republik Sudan
im Juni 2004

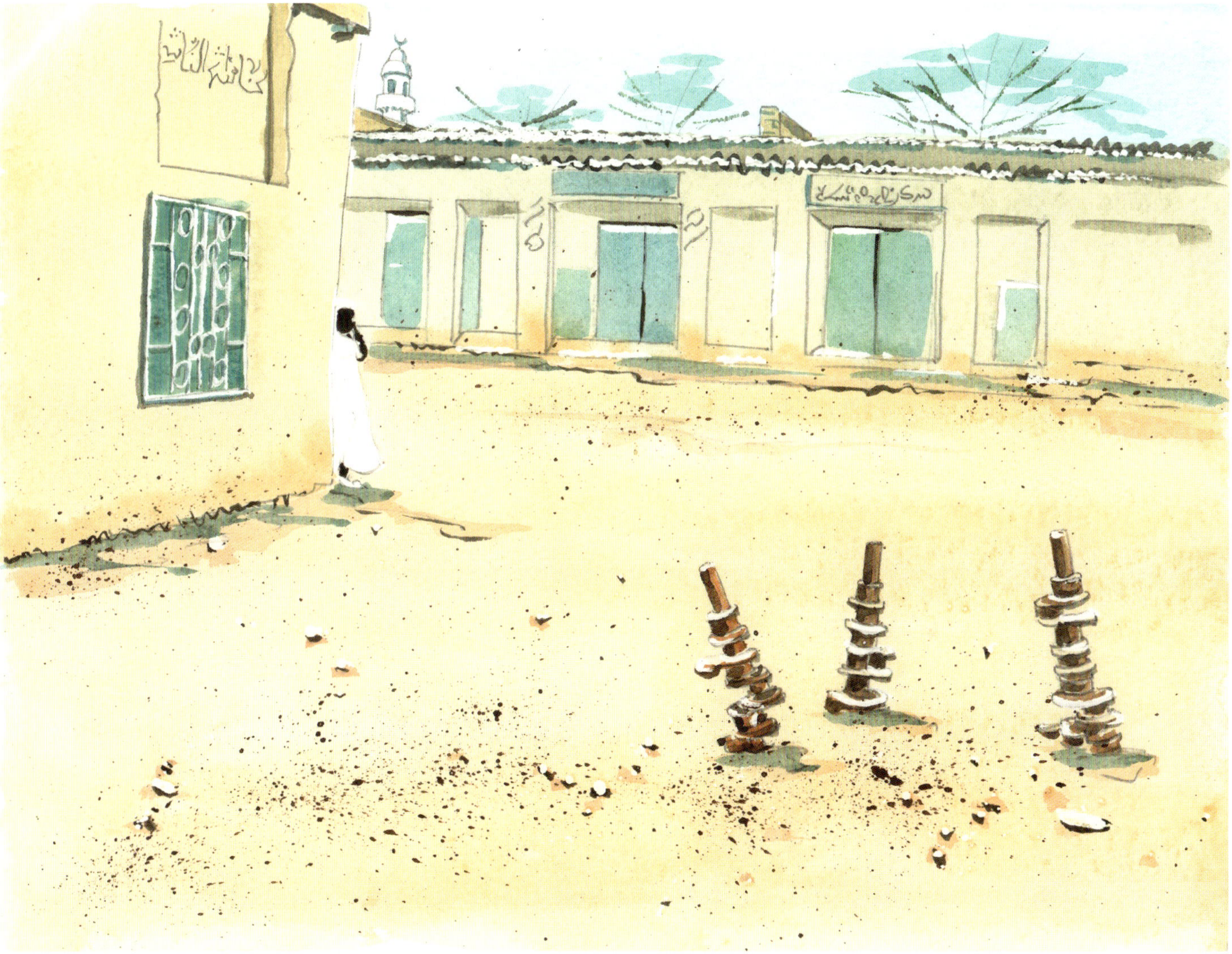

El Fasher, Darfur in der Islamischen Republik Sudan

im Juni 2004

59

Putthukudiyiruppu – im abtrünnigen Tamilengebiet im Nordosten von Sri Lanka im Januar und Februar 2005 nach dem verheerenden Tsunami vom 26. Dezember 2004 mit 40.000 Todesopfern alleine in Sri Lanka.

9° 18' 53.7" N
80° 42' 54" O

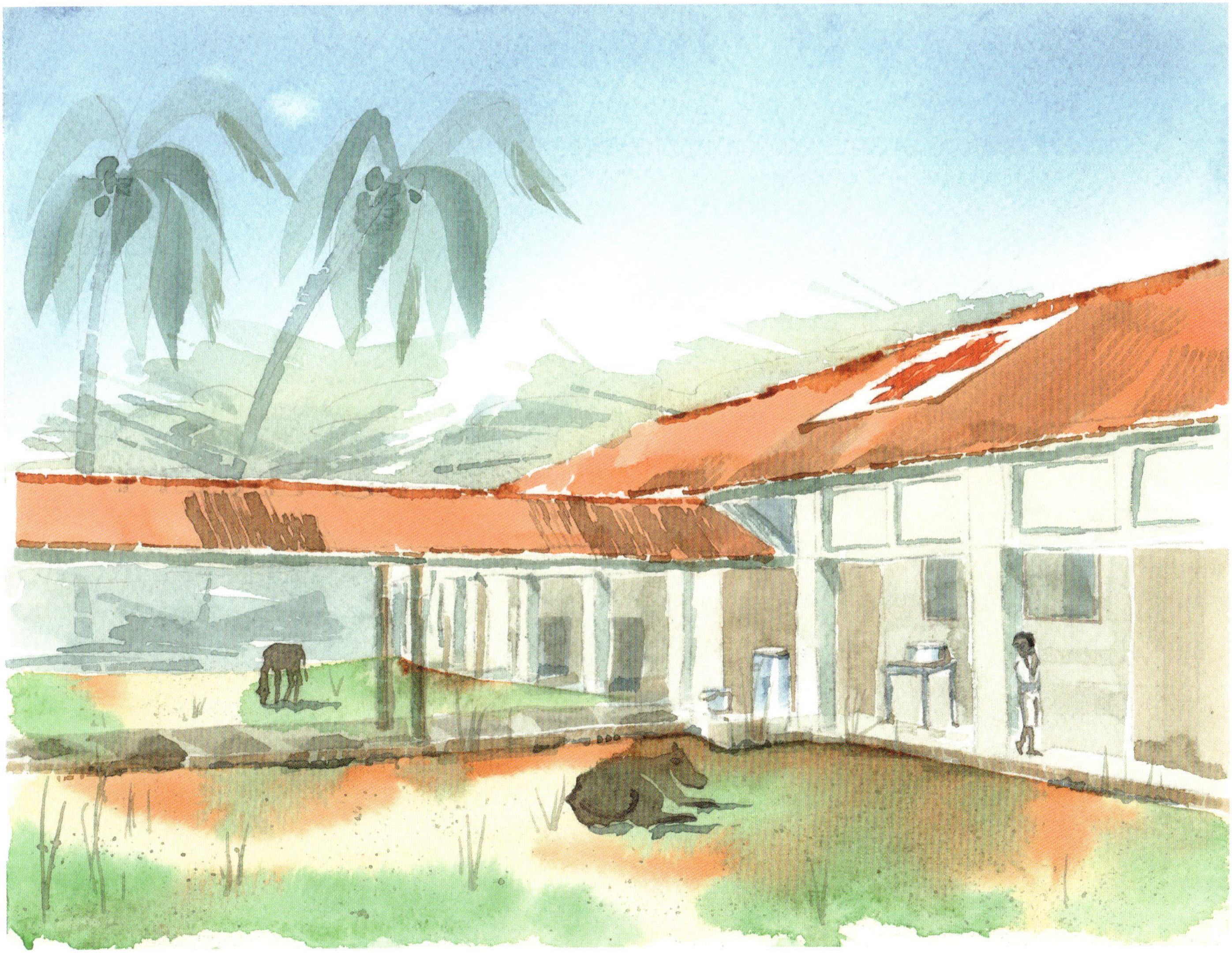

Putthukudiyiruppu im abtrünnigen Tamilengebiet von
Sri Lanka im Januar 2005

63

Dujiangyen – in der Provinz Sichuan in der Volksrepublik China im Juni 2008 nach dem Erdbeben vom 12. Mai 2008 mit 70.000 getöteten und über 300.000 verletzten Menschen.

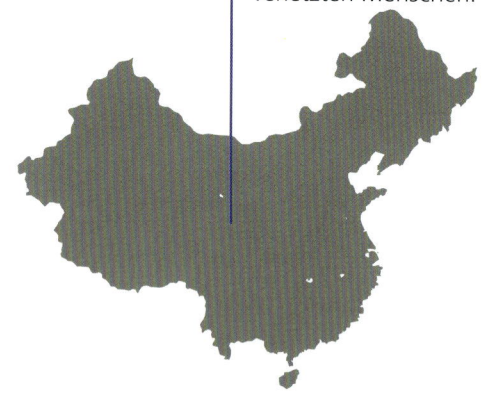

30° 56' 40" N
103° 36' 23" O

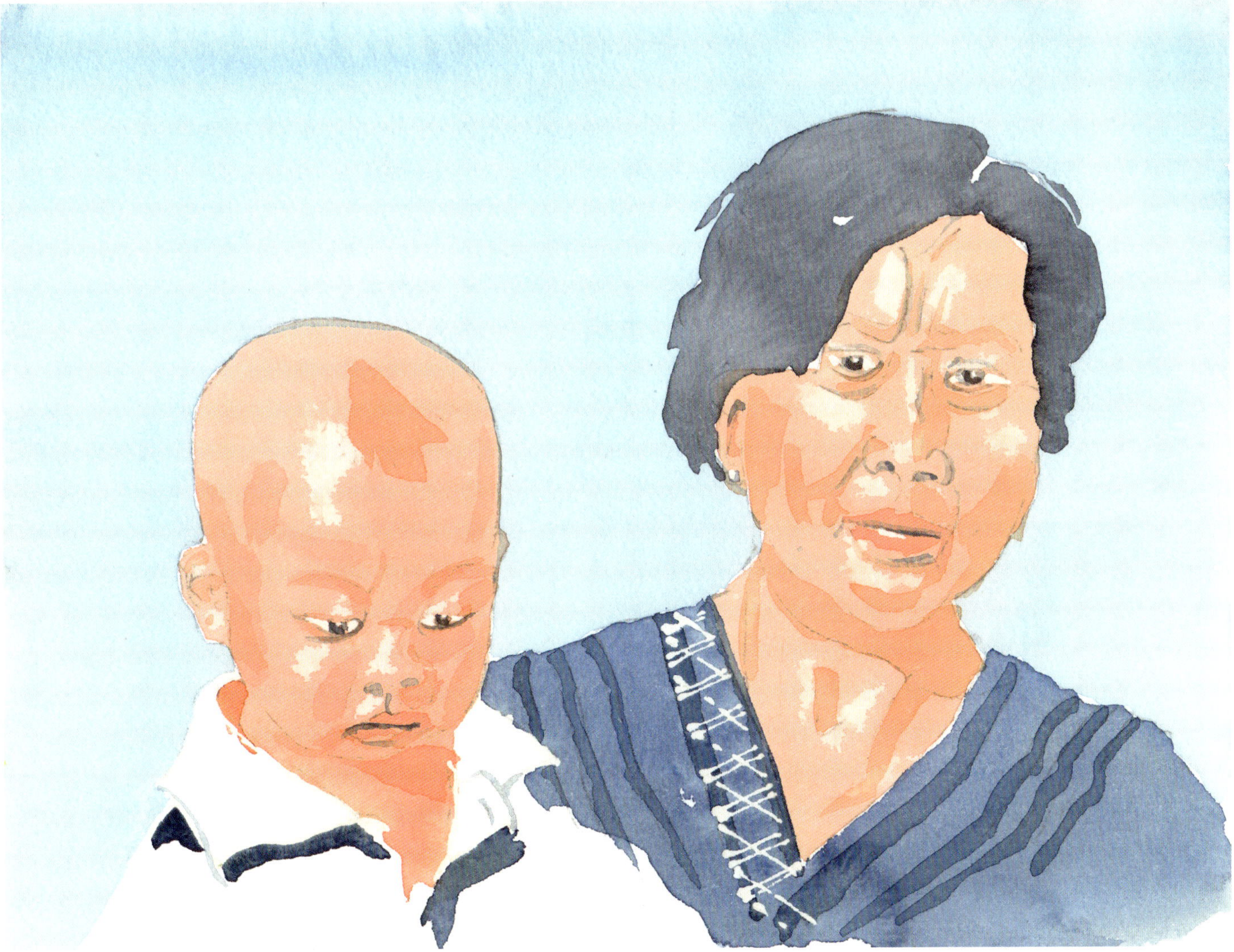

Dujiangyan, Provinz Sichuan in der Volksrepublik China

im Mai 2008

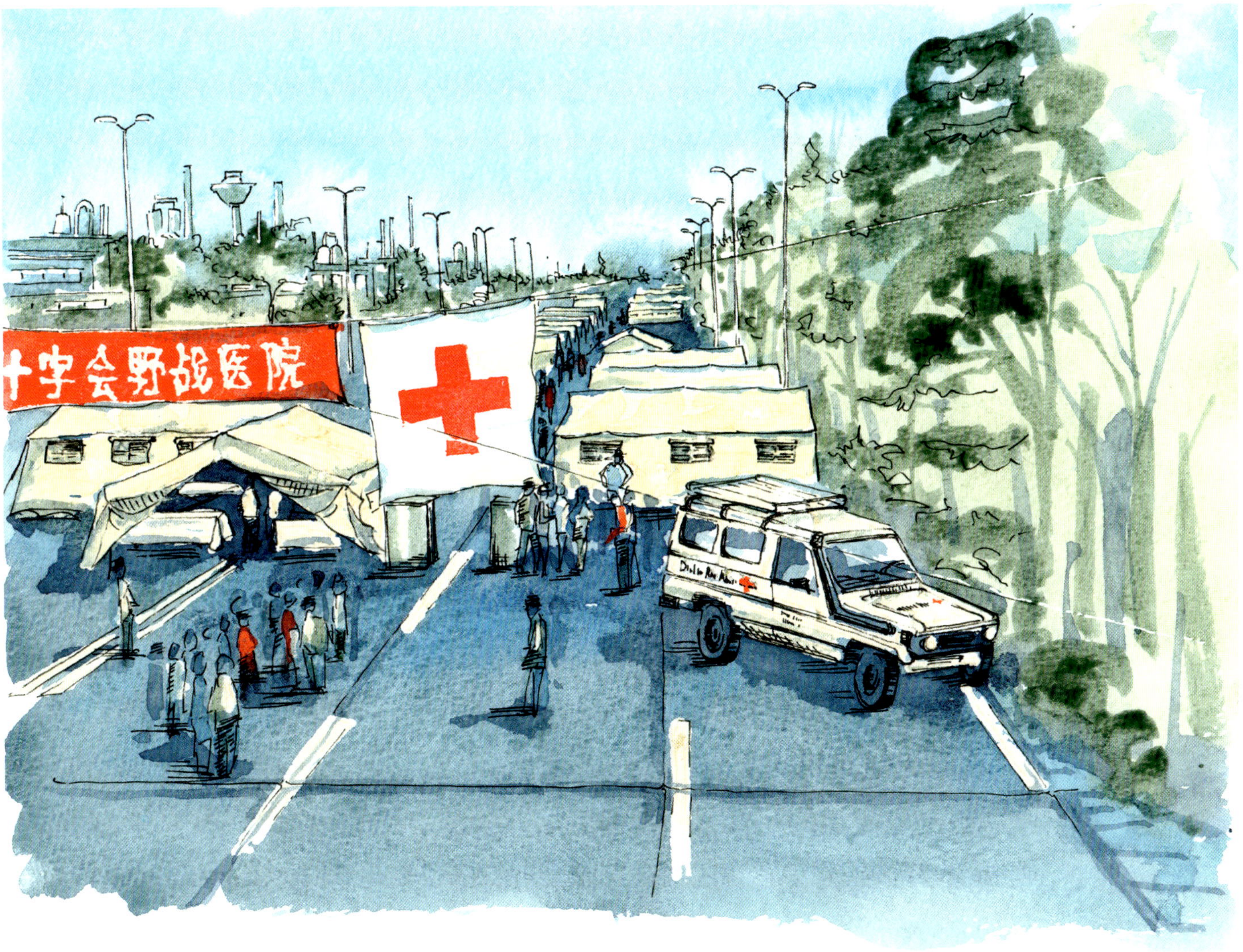
十字会野战医院

Carrefour – bei Port au Prince in Haiti im Januar und Februar 2010 nach dem Erdbeben vom 12. Januar 2010 mit geschätzten 300.000 Toten und 300.000 Verletzten.

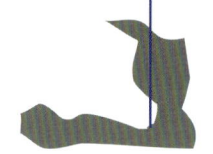

18° 32' 4" N
72° 24' 36" W

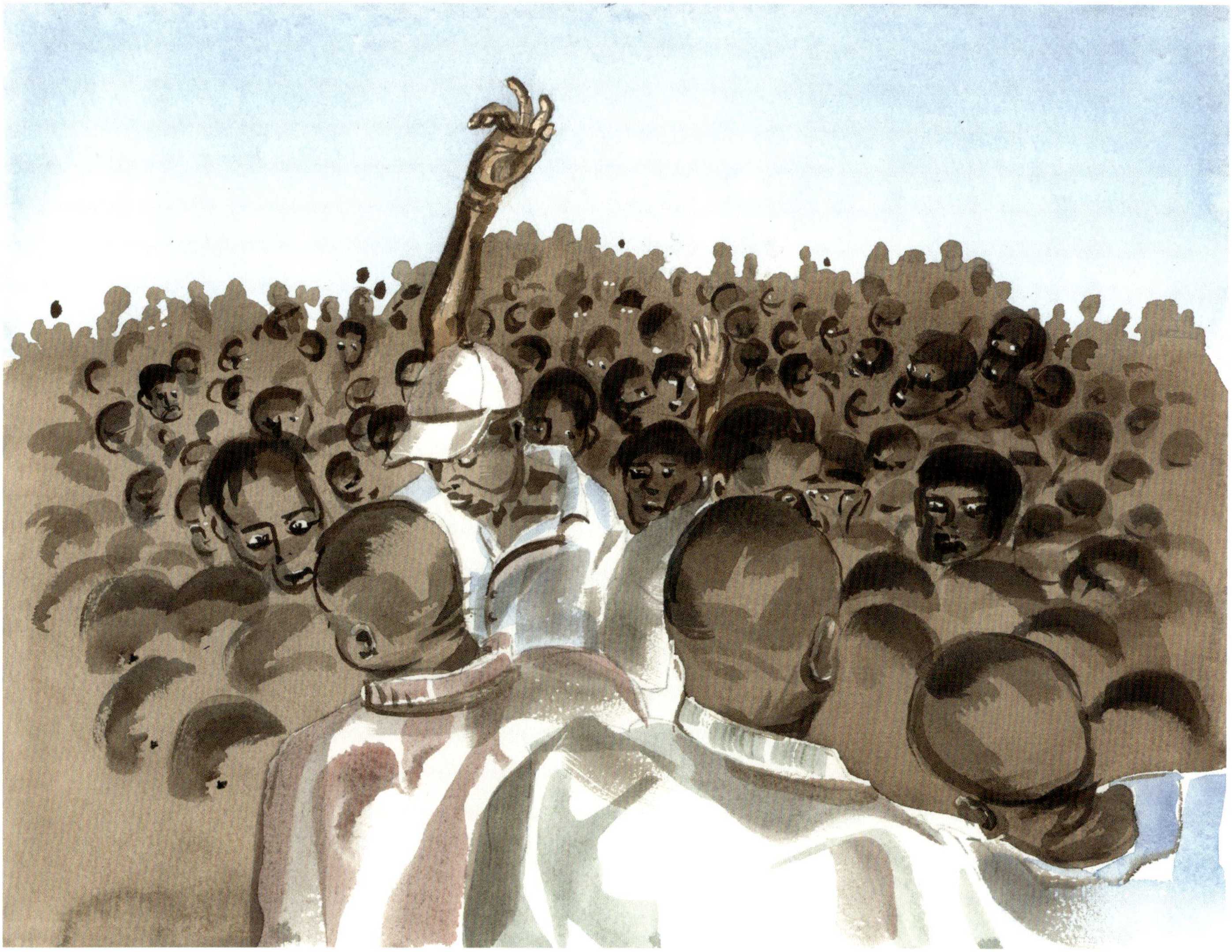

Hôpital mobile Carrefour bei Port au Prince, Haiti
im Januar 2010

71

Hôpital mobile Carrefour bei Port au Prince, Haiti
im Januar 2010

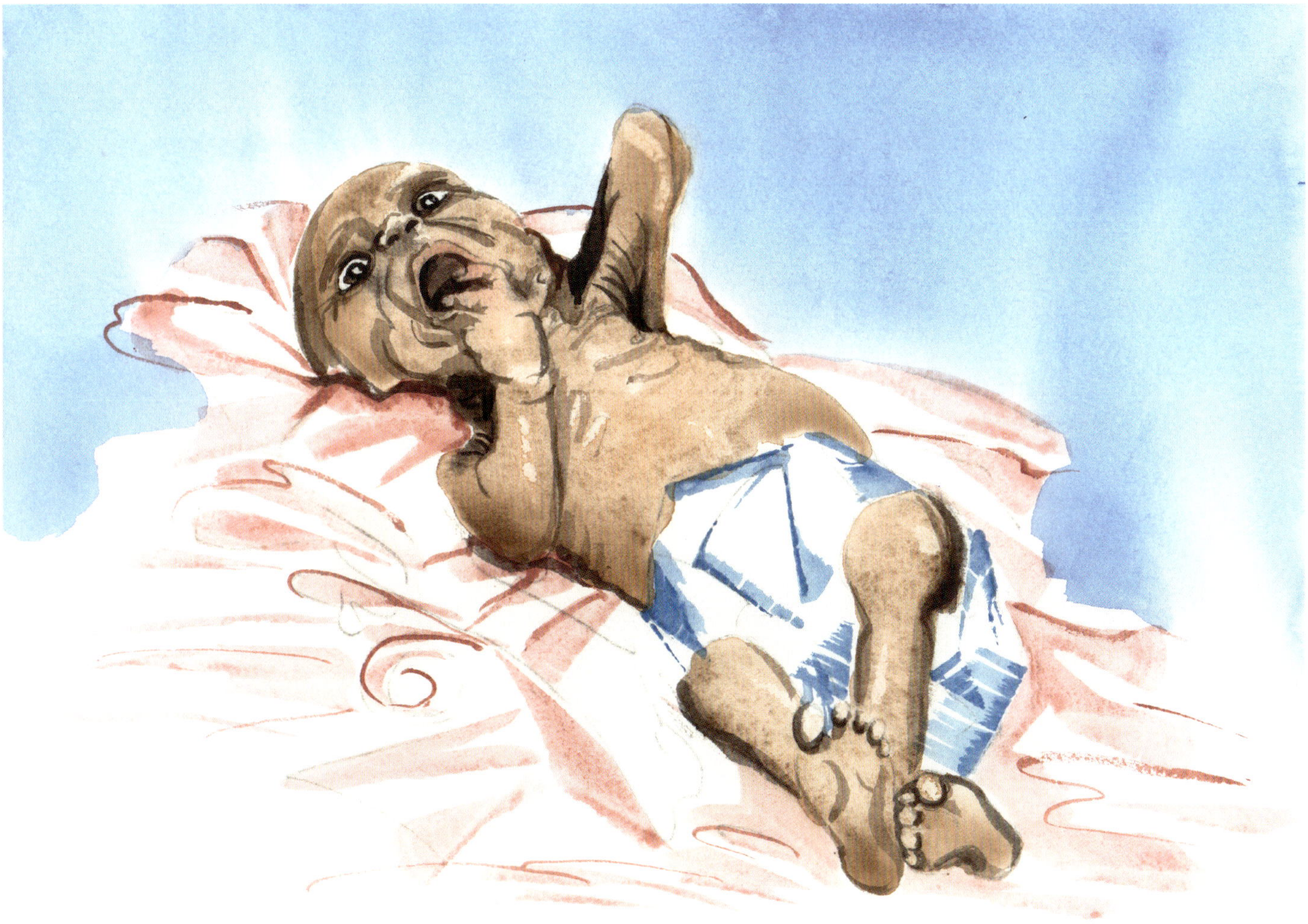

Hôpital mobile Carrefour bei Port au Prince, Haiti
im Januar 2010

75

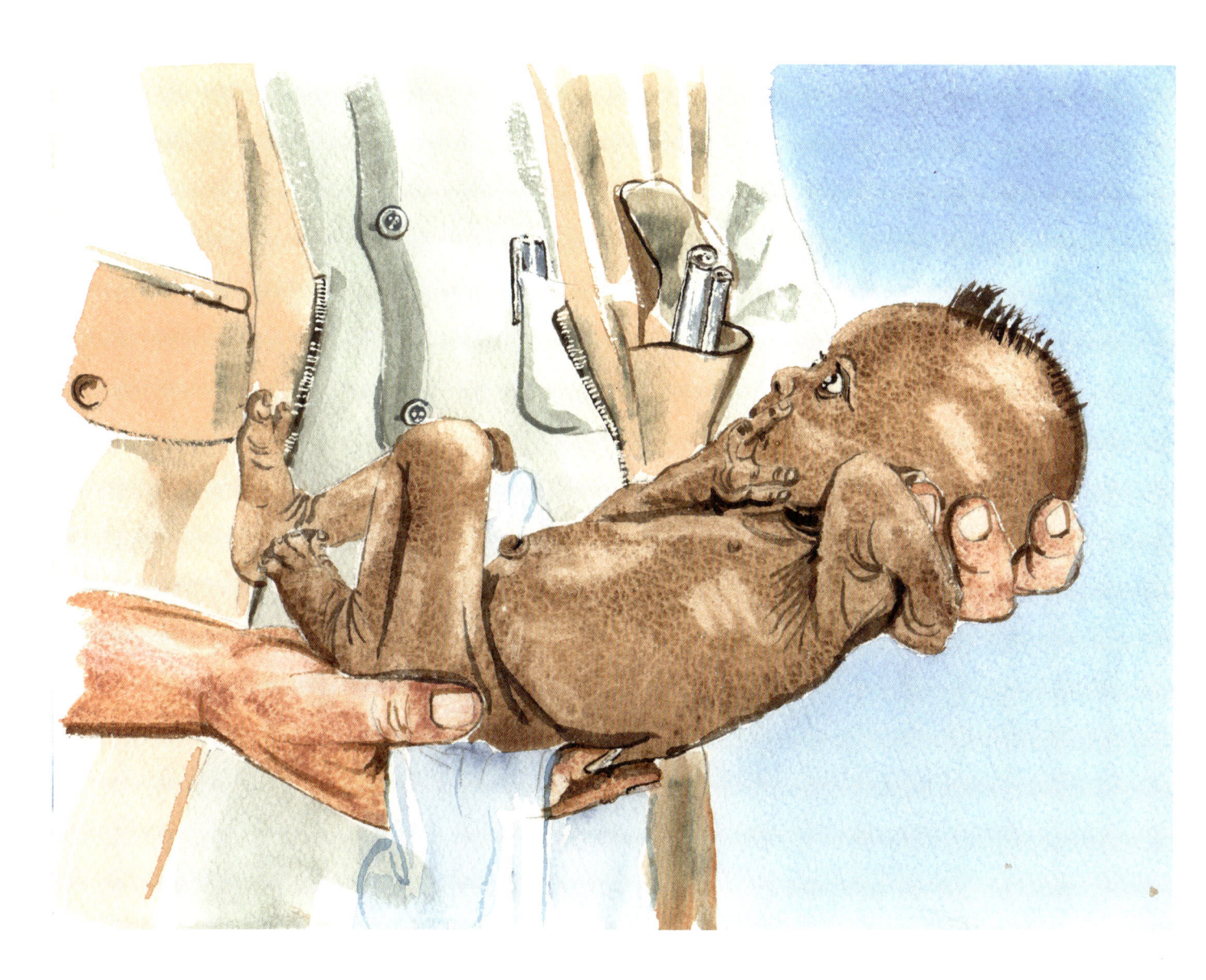

Hôpital mobile Carrefour bei Port au Prince, Haiti
im Januar 2010

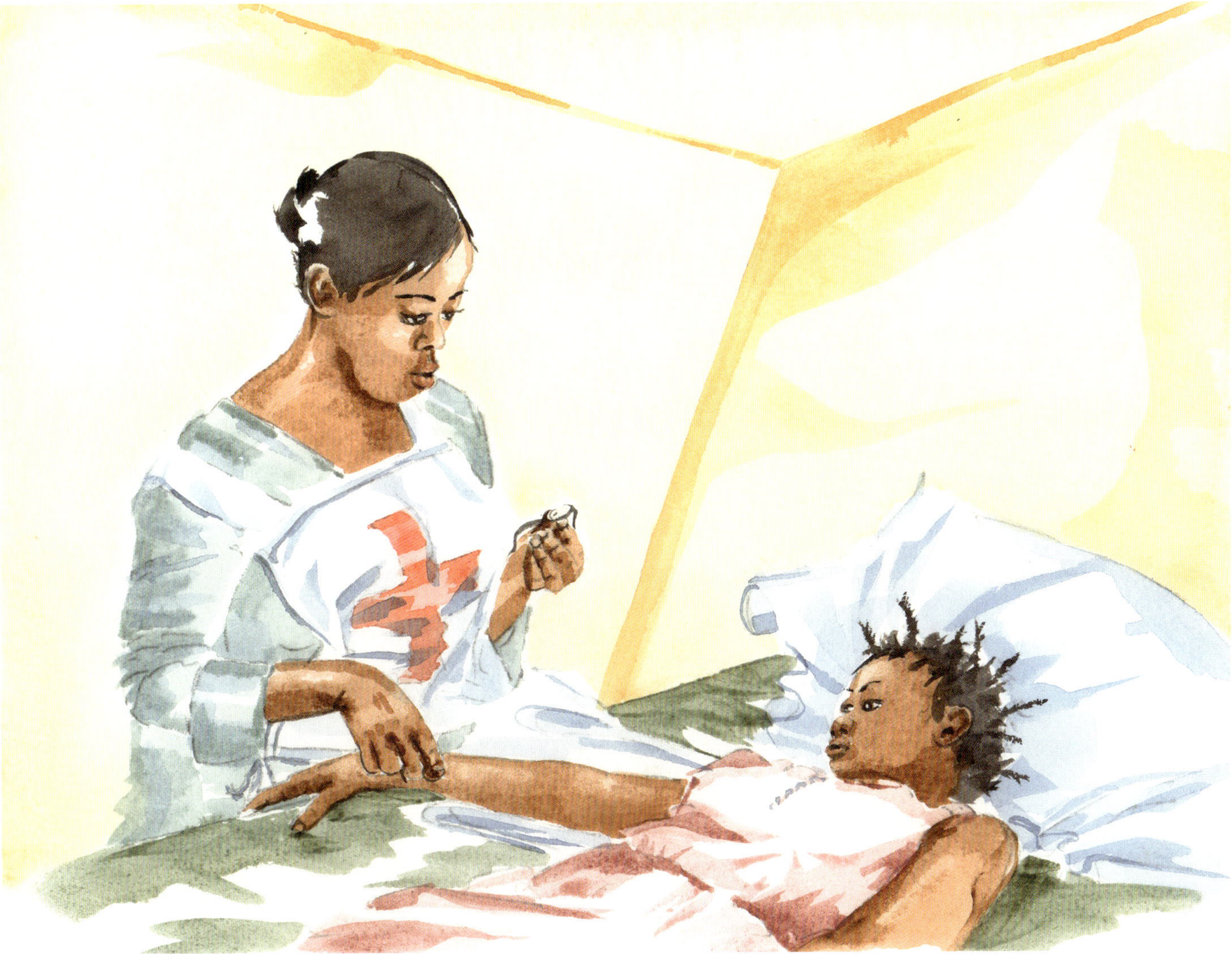

Hôpital mobile Carrefour bei Port au Prince, Haiti
im Januar 2010

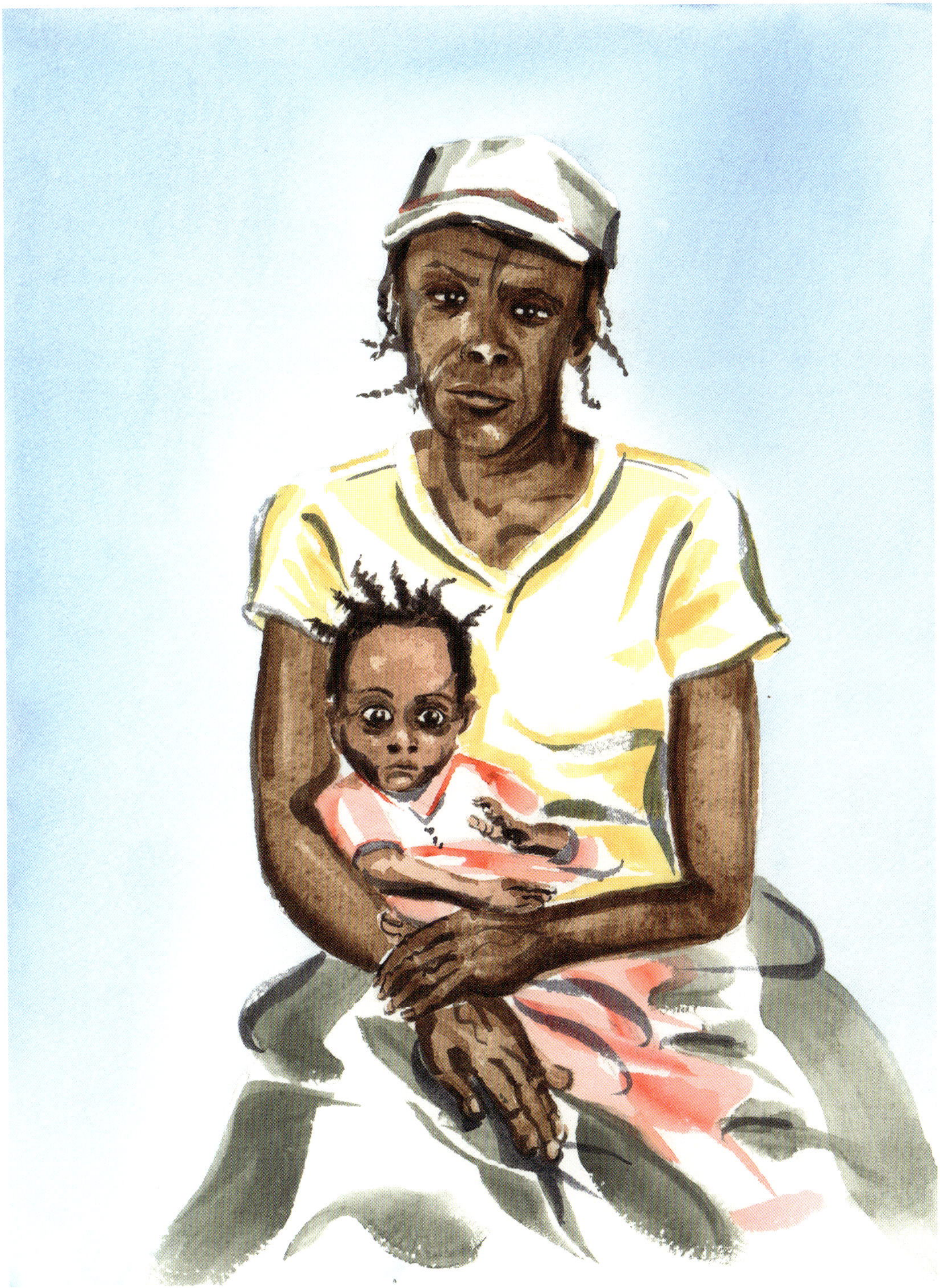

Port au Prince, Haiti
im Januar 2010

81

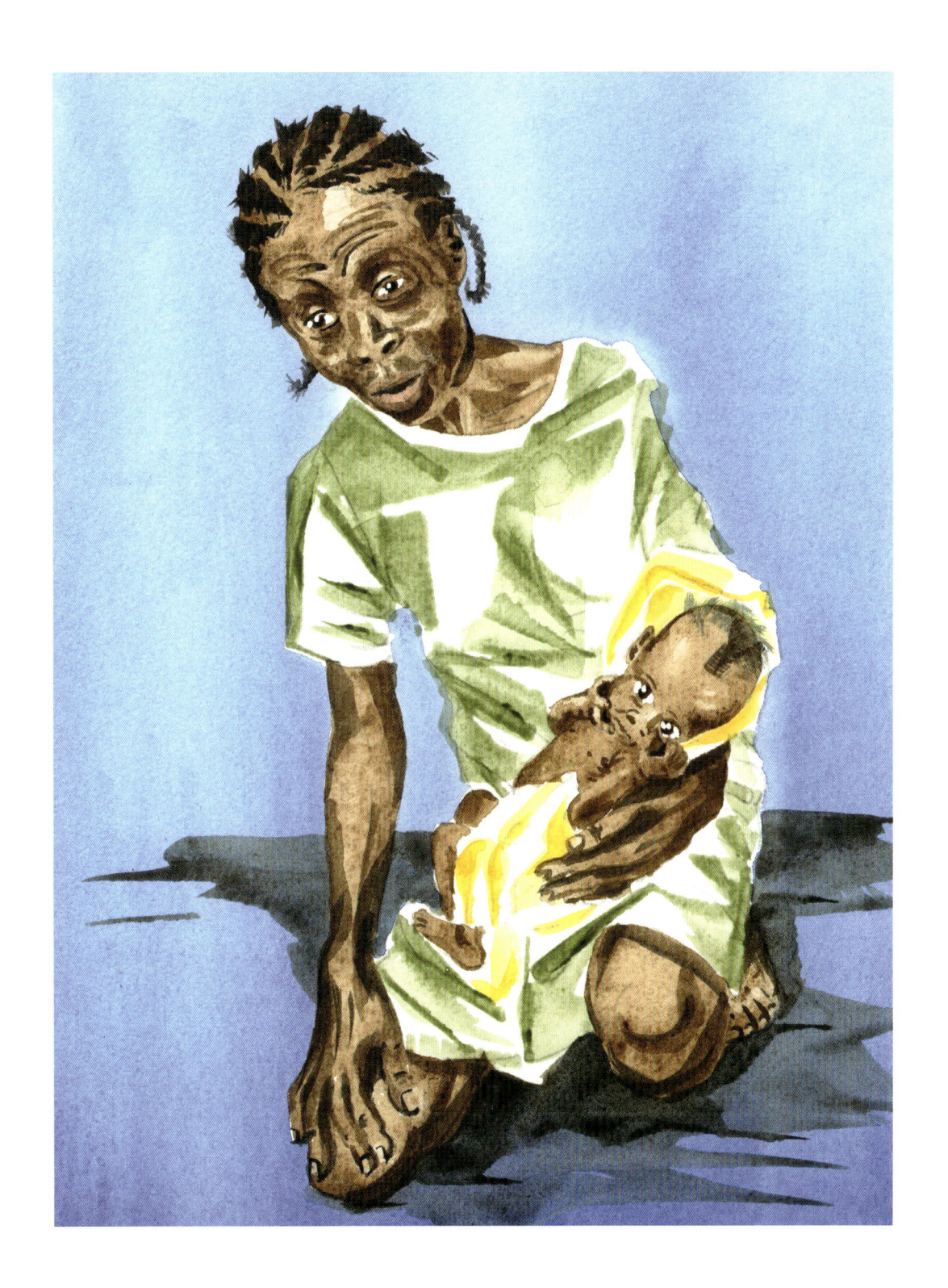

In der Stadt Münster – hatten im Jahr 1999 insgesamt 5574 Menschen Zuflucht gefunden.

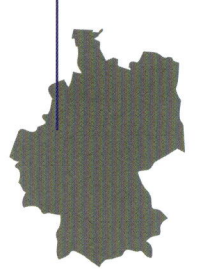

51° 56' 58" N

7° 36' 13" O

Übergangswohnheim für Flüchtlinge in Münster
im August 1999

Kleiner Mensch

El Fasher, Sudan
im Juni 2004

In memoriam Richard Munz

Kleiner Mensch
Vorspiel

Text: Joachim Gardemann
Musik: Hans Hermann Wickel

Kleiner Mensch

In memoriam Richard Munz

Text: Joachim Gardemann
Musik: Hans Hermann Wickel

1. Kleiner Mensch, all' deine Welt ist verschwunden, vergangen, dein Heim in Sekunden zerstört, deine Freunde geschunden, verstummt, nie mehr gehört. Kleiner Mensch, auch in der Not sei getrost und sieh: deine Mutter neigt mild ihr Ge-

2. Kleiner Mensch, bleibe der Mutter in schmerzlichen Stunden in Liebe verbunden und treu. Deiner Mutter nach Wehen war neu dein erster Schrei. Kleiner Mensch, wenn selbst die Mutter und Hoffnung dir geh'n, wirst du Tränen vergießen und

3. Kleiner Mensch, denk nun daran was fortan du als Mensch unter Menschen hast Gutes getan. In Verzweiflung und Einsamkeit steht ein Mensch bereit! Kleiner Mensch, schau in die Welt und vertrau auf den Freund, der bereit wie die Mutter, wenn -

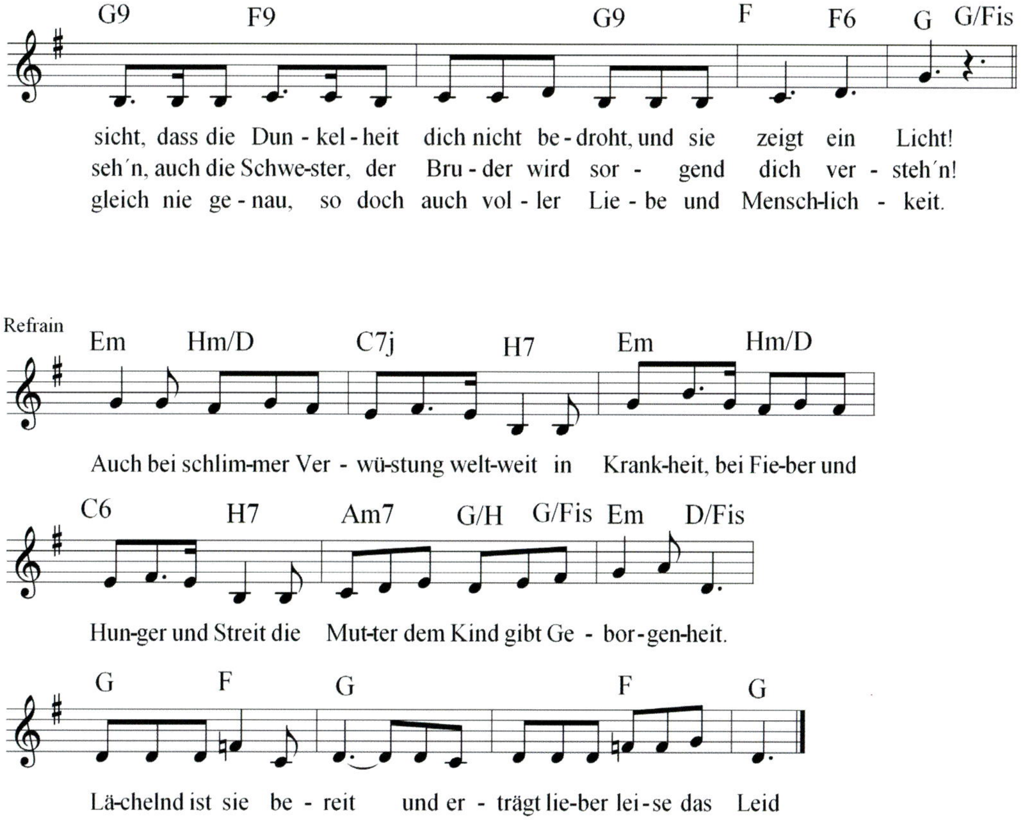

sicht, dass die Dun-kel-heit dich nicht be-droht, und sie zeigt ein Licht!
seh'n, auch die Schwe-ster, der Bru-der wird sor - gend dich ver-steh'n!
gleich nie ge-nau, so doch auch vol-ler Lie-be und Mensch-lich - keit.

Refrain

Auch bei schlim-mer Ver - wü-stung welt-weit in Krank-heit, bei Fie-ber und Hun-ger und Streit die Mut-ter dem Kind gibt Ge - bor-gen-heit.

Lä-chelnd ist sie be - reit und er - trägt lie-ber lei-se das Leid

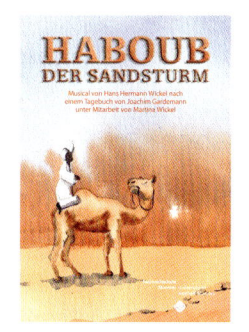

aus „Haboub - Der Sandsturm",
Musical von Hans Hermann Wickel
nach einem Tagebuch von Joachim Gardemann

Sichtbares Beispiel der Lehre und Zusammenarbeit mit unseren Partnern sind mehrere Hundert Abschlussarbeiten zur Thematik der internationalen humanitären Hilfe oder der Entwicklungszusammenarbeit, die durch das Kompetenzzentrum betreut wurden:

Nahrungsmittelversorgung und Katastrophenmanagement während des längerfristigen Stromausfalls im Münsterland vom November 2005. Empirische Untersuchung im Auftrag der Bundesanstalt für Landwirtschaft und Ernährung

Fachhochschule Münster,
Fachbereich Oecotrophologie
2007

**ausgezeichnet
mit dem
Rektoratspreis 2008**

Entwicklung eines instruktiven Sachbuchs für Kinder mit Kraniopharyngeom

Fachhochschule Münster,
Fachbereich Oecotrophologie
2008

**ausgezeichnet
mit dem
Hochschulpreis 2009**

Learn and Live, Ein Boarding House in Kouk Mon, Kambodscha

Fachhochschule Münster,
Fachbereich Architektur
(muenster school of architecture)
2011

**ausgezeichnet
mit dem
Hochschulpreis 2012**

Einige ausgewählte Abschlussarbeiten zum Forschungsthema

Wasser, Hygiene und Unterbringung:

Malaria epidemiology at the community level in the Ethiopian areas of Ab´Ala and Koraro as a basis for further analyses on the health impact of sub-surface dams

Westfälische Wilhelms-Universität Münster, Medizinische Fakultät
2012

Lebensmittel Wasser als ökologisches Kinderrecht: Fundraising und Umsetzung von Projekten nachhaltiger Umweltbildung zu Fragen der Anwendung von Pestiziden oder der möglichen Alternativen in der Volksrepublik China, in Zimbabwe und der Bundesrepublik Deutschland

Fachhochschule Münster, Fachbereich Oecotrophologie·Facility Management
2011

Wasser- und Sanitärversorgung von Schulen und Gesundheitsstationen für exemplarische Fälle im ländlichen Raum Äthiopiens

Fachhochschule Münster, Fachbereich Bauingenieurwesen
2011

Learn and live - ein Boarding House in Kouk Mon, Kambodscha

Fachhochschule Münster, Fachbereich Architektur (muenster school of architecture)
2011

Temporäre Bauten für mobile Krankenhäuser des Roten Kreuzes unter ausschließlicher Nutzung von lokal vorhandenen Euro-Paletten

*Fachhochschule Münster,
Fachbereich Architektur
(muenster school of architecture)
2011*

Centre pour éducation, collectivité et santé en Haïti

*Fachhochschule Münster,
Fachbereich Architektur
(muenster school of architecture)
2010*

Weltweit verständliche Instruktionen zur gefahrlosen und hygienischen Entsorgung von Klinikabfällen der mobilen Krankenhäuser des Roten Kreuzes

*Fachhochschule Münster,
Fachbereich Design
2010*

Entwicklung von transportablen Planspielmaterialien zur Vermittlung städtebaulicher Aspekte bei der Anlage von vorübergehenden Unterkünften in der internationalen Soforthilfe

*Fachhochschule Münster,
Fachbereich Architektur
(muenster school of architecture)
2007*

Planungsgrundlagen für einen kultursensiblen Schulbau am Beispiel Afghanistan

*Fachhochschule Münster,
Fachbereich Architektur
(muenster school of architecture)
2005*

Ausstattung mobiler Gesundheitszentren und Kliniken in der Nothilfe unter Nutzung lokal vorkommender Materialien und Fertigkeiten am Beispiel von Palmholz

*Fachhochschule Münster,
Fachbereich Design
2005*

Einige ausgewählte Abschlussarbeiten zum Forschungsthema Ernährung und Hunger:

Ernährungsmedizinische und ökonomische Auswirkungen der Reaktorunfälle in Japan vom März 2011

*Fachhochschule Münster,
Fachbereich Oecotrophologie·Facility Management
2011*

Lethargie bei Hungernden – Überlebensstrategie oder klinische Depression?

*Fachhochschule Münster,
Fachbereich Oecotrophologie·Facility Management
2011*

Klinische Untersuchungen zum Ketonstoffwechsel bei mangelernährten Kindern in Port au Prince / Haiti

*Westfälische Wilhelms-Universität Münster, Medizinische Fakultät
2012*

Entwicklung eines kohlenhydratarmen Gebäcks zur Vermeidung des Refeeding-Syndroms bei Marasmus sowie zum Einsatz bei Kindern mit einem durch ketogene Diät therapierten Anfallsleiden

*Fachhochschule Münster,
Fachbereich Oecotrophologie·Facility Management
2011*

Erhebung des Zahnstatus und des Zahnpflegeverhaltens in der nepalesischen Bergregion Khumbu und Einführung eines Zahnprophylaxeprogramms

*Fachhochschule Münster,
Fachbereich Pflege und Gesundheit
2011*

Gemeinschaftsverpflegung in der pädagogischen Einrichtung „Kinder Paradise" in Accra/Ghana; Datenerhebung und Ermittlung der ernährungsphysiologischen Bedeutung

*Fachhochschule Münster,
Fachbereich Oecotrophologie·Facility Management
2011*

Untersuchung der diätetischen Bedeutung von Teff – dem Ursprungsgetreide Äthiopiens – aus der Sicht der Oecotrophologie einschließlich der Produktentwicklung eines Teff-Brotes für den deutschen Markt

*Fachhochschule Münster,
Fachbereich Oecotrophologie
2010*

Weltweites Angebot von verzehrfertiger Kompaktnahrung für die humanitäre Nothilfe

*Fachhochschule Münster,
Fachbereich Oecotrophologie
2009*

Vollwertige Ernährung für wohnungslose Menschen; Ratgeber und Rezeptsammlung für Menschen mit wenig Geld und ohne dauerhaften Wohnsitz

*Fachhochschule Münster,
Fachbereich Oecotrophologie
2008*

Dosierungshilfe für Medikamente in der Kinderheilkunde unter einfachen Bedingungen in Form einer modifizierten Hängewaage

*Fachhochschule Münster,
Fachbereich Design
2008*

Nahrungsmittelversorgung und Katastrophenmanagement während des längerfristigen Stromausfalls im Münsterland vom November 2005. Empirische Untersuchung im Auftrag der Bundesanstalt für Landwirtschaft und Ernährung

*Fachhochschule Münster,
Fachbereich Oecotrophologie
2007*

Einige ausgewählte Abschlussarbeiten zum Forschungsthema

Ethik, Völkerrecht und kulturelle Sensibilität:

Verteilungsethik in der Nahrungsmittelnothilfe

*Fachhochschule Münster,
Fachbereich Oecotrophologie·Facility Management
2011*

Migration und Ernährung – eine empirische Darlegung ernährungsbezogenen Verhaltens vor dem Hintergrund unterschiedlicher Migrationsgeschichten

*Fachhochschule Münster,
Fachbereich Oecotrophologie
2010*

Amputation, Prothesenversorgung und Rehabilitation im Kontext differenter Behinderungsbegriffe und Versorgungsstandards in Deutschland und den ärmeren Ländern

*Fachhochschule Münster,
Fachbereich Oecotrophologie
2010*

Empirische Untersuchung in Ghana und Deutschland zur Bedeutung und Perspektive von interkulturellen Kompetenzen – Befragung von Studierenden und Fachkräften in der Sozialen Arbeit

*Fachhochschule Münster,
Fachbereich Sozialwesen
2010*

Gratifikationskrisen bei Angehörigen der Gruppe der Aussiedler und Spätaussiedler als Herausforderung für die Soziale Arbeit

*Fachhochschule Münster,
Fachbereich Sozialwesen
2010*

Empowerment als ressourcenorientierte Unterstützung und Bewältigung von Traumata bei jugendlichen Opfern von Krieg und Gewalt

*Fachhochschule Münster,
Fachbereich Sozialwesen
2009*

Einsatznachsorge und Psychosoziale Unterstützung für Angehörige der Freiwilligen Feuerwehren im Kreis Steinfurt

Fachhochschule Münster,
Fachbereich Sozialwesen
2009

Bedarf und Möglichkeiten interkultureller Sozialer Arbeit in Deutschland am Beispiel islamischer Sozialer Arbeit; Anregungen für die Fort- und Weiterbildung

Fachhochschule Münster,
Fachbereich Sozialwesen
2008

Zur Ethik der Unparteilichkeit bei Sozialer Arbeit im bewaffneten Konflikt

Fachhochschule Münster,
Fachbereich Sozialwesen
2008

Beiträge der Oecotrophologie zum kultursensiblen Verpflegungsmanagement im Rahmen internationaler humanitärer Nothilfe unter Berücksichtigung ethnologischer Gesichtspunkte

Fachhochschule Münster,
Fachbereich Oecotrophologie
2007

Entwicklung nonverbaler Kommunikationsmedien für die internationale Nothilfe

Fachhochschule Münster,
Fachbereich Design
2005

Einige ausgewählte Veröffentlichungen aus dem Kompetenzzentrum

Joachim Gardemann, Franziska Ohnheiser (2011): Centre of Competence for Humanitarian Relief of the University of Applied Sciences in Muenster, Germany. - In: Polak G (ed.).: medicine & health; career & education guide 2012. Wien: Polak, S. 40-41

Joachim Gardemann (2011): Haiti nach Erdbeben und Cholera. Monatsschrift Kinderheilkunde, Band 159, Heft Suppl. 3, S. 163

Rainer Mohn, Joachim Gardemann et al. (2012): Subsurface Micro-Reservoirs for Rural Water Supply in the Ethiopian Highland: Tigray and Afar Water Initiative, Ethiopia. Landschaft und Nachhaltige Entwicklung, in print

Joachim Gardemann (2010): Daseinsvorsorge und Nothilfe bei Flüchtlingsbewegungen. - In: Schutzkommission beim Bundesminister des Inneren (Hrsg.) Katastrophenmedizin; Leitfaden für die ärztliche Versorgung im Katastrophenfall. München: Bundesamt für Bevölkerungsschutz und Katastrophenhilfe, S. 348-363

Christa Maria Krieg, Joachim Gardemann (2009): A record of morbidity and medical request profiles in international humanitarian aid, taking the earthquake in BAM in Iran in 2003 as an example. Journal of Public Health, Band 17, S. 97-106

Ute Menski, Joachim Gardemann (2009): Schneechaos und Stromausfall im Münsterland vom November und Dezember 2005: Auswirkungen auf den Ernährungs- und Gesundheitssektor sowie die private Katastrophenvorsorge und Bevorratung. Gesundheitswesen, Band 71, S. 349-350

Christa Diewerge, Joachim Gardemann et al. (2009): Pharmazie in der Internationalen Hilfe und Entwicklungszusammenarbeit; weltweite Hilfe bei Katastrophen und Notsituationen im Gesundheitswesen. - In: Bundesamt für Bevölkerungsschutz und Katastrophenhilfe, Deutsche Gesellschaft für Katastrophenmedizin e.V. (Hrsg.) Notfall- und Katastrophenpharmazie II: Pharmazeutisches Notfallmanagement. Bonn: BBK, S. 174-193

Joachim Gardemann (2009): Wie entsteht ein Projekt der Humanitären Hilfe? - In: Hackenbruch E (Hrsg.) Go International! Handbuch zur Vorbereitung von Gesundheitsberufen auf die Entwicklungszusammenarbeit und humanitäre Hilfe. Bern: Hans Huber, S. 111-122

Joachim Gardemann (2009): Humanitäres Völkerrecht als Grundlage der Nothilfe. - In: Hackenbruch E (Hrsg.) Go International! Handbuch zur Vorbereitung von Gesundheitsberufen auf die Entwicklungszusammenarbeit und humanitäre Hilfe. Bern: Hans Huber, S. 65-70

Joachim Gardemann (2009): Patienten mit Migrationshintergrund, Asylsuchende und ethnische Minderheiten. - In: Madler C, Jauch KW, Werdan K, Siegrist J, Pajonk FG. (Hrsg.) Akutmedizin. Die ersten 24 Stunden. Das NAW-Buch. München; Jena: Elsevier Urban & Fischer, S. 1049-1057

Joachim Gardemann (2008): Refugees and Internally Displaced People. - In: Kirch W (Hrsg.) Encyclopedia of Public Health. New York: Springer, S. 1238-1240

Ute Menski, Joachim Gardemann (2008): Ausfall Kritischer Infrastrukturen und die Folgen. Der Stromausfall im Münsterland 2005 und die Auswirkungen auf den Ernährungssektor. Homeland Security, Band 1, S. 42-44

Joachim Gardemann (2006): Begutachtung von erkrankten Flüchtlingen zur Frage ihrer Krankheit als Abschiebehindernis. - In: Beauftragte der Bundesregierung für Migration, Flüchtlinge und Integration (Hrsg.) Gesundheit und Integration - Ein Handbuch für Modelle guter Praxis. Berlin: Beauftragte der Bundesregierung für Migration, Flüchtlinge und Integration, S. 44-53

Oliver Razum, Joachim Gardemann, Beata Will (2006): Nothilfe versus Entwicklungszusammenarbeit. - In: Razum O, Zeeb H, Laaser U (Hrsg.) Globalisierung Gerechtigkeit Gesundheit; eine international vergleichende Einführung in Public Health. Bern: Hans Huber, S. 327-332

Gerd Ebner, Joachim Gardemann, Victor Dittmann (2005): Psychiatrische Arztzeugnisse und Gutachten im Asylverfahren. Psychiatrie und Recht; Psychiatrie et Droit. Forum Gesundheitsrecht; droit de la santé, Band 10, S. 359-374

Joachim Gardemann (2003): Kinderheilkunde und Kinderkrankenpflege zwischen Heiltechnik und der Sorge für Mutter und Kind. Kinderkrankenschwester, Band 23, Heft 1, S. 28-30

Joachim Gardemann, Ramazan Salman (2003): Migrationsspezifische Begutachtung im Spannungsfeld von Medizin, Recht, Psychologie und Politik; Bericht über eine interdisziplinäre Fachtagung. Gesundheitswesen, Band 64, Heft 12, S. 654-650

Doris Grieger, Joachim Gardemann (2003): Ziele und Aktivitäten des bundesweiten Arbeitskreises Migration und öffentliche Gesundheit. Gesundheitswesen, Band 65, Heft 12, S. 704-708

Joachim Gardemann (2002): Migrationsspezifische Begutachtung im Spannungsfeld von Medizin, Recht, Psychologie und Politik: Bericht über eine interdisziplinäre Fachtagung. Gesundheitswesen, Band 64, Heft 5, S. 306-307

Joachim Gardemann (2002): Peace and Public Health: 1999 Kosovo Experience. Croat Med J, Band 43, Heft 2, S. 103

Joachim Gardemann (2002): Primary Health Care in Complex Humanitarian Emergencies: Rwanda and Kosovo Experiences and Their Implications for Public Health Training. Croat Med J, Band 43, Heft 2, S. 148-155

Joachim Gardemann (2002): Soziale Lage und Gesundheit: Zur Gesundheitssituation von Flüchtlingskindern. Bundesgesundheitsblatt, Gesundheitsforschung, Gesundheitsschutz, Band 45, S. 889-893

in memoriam Richard Munz